湛庐

与最聪明的人共同进化

CHEERS

HERE COMES EVERYBODY

把商业难题交给艺术

ビジネスの限界はアートで超えろ

[日] 增村岳史 著
靳园元 译

浙江教育出版社·杭州

前言
艺术与商业的联系

　　我父亲家族中的亲戚，包括父亲在内的很多人都从事艺术方面的工作，我就是在这样一个稍稍有点特殊的环境中长大的。因此我在小学五六年级时，心中便产生了一个巨大的疑问：下面这四个人有什么共同点呢？

- 松任谷由实　　● 村上龙
- 中尾彬　　　　● 京本政树

把商业难题交给艺术

松任谷由实，红极一时的流行音乐女王；村上龙，芥川文学奖获奖作家；中尾彬，个性派演员；京本政树，既是歌手也是演员，相貌堂堂的人气小生。你能看出这四位名人有什么共同之处吗？

答案是：他们都是美术学院毕业或肄业的。

松任谷由实在美术学院的专业是日本画，但后来成了一名歌手；村上龙的专业是油画，之后却成了小说家；中尾彬的专业也是油画，京本政树的专业是素描，可这两个人都走上了演艺之路。这四个人明明都是美术学院毕业的，为什么分别当上了歌手、小说家或演员，而且在各自的领域大获成功呢？

我在前文说过，我身边的很多亲人都从事艺术方面的工作。由于他们当中的大多数人都是从美术学院毕业之后走上艺术道路的，所以，年少的我想当然地以为，进入美术学院学习的人都是想成为艺术家的人，他们的梦想是成

前言
艺术与商业的联系

为设计师、画家、陶艺家或是雕刻家。可是，上面这四个人的情况又该如何解释呢？

带着这个巨大的疑问，一转眼几十年过去了。如今我已经步入社会，在有了一些阅历之后，我得出了一个结论：**绘画是一切创造的源头。**

歌手松任谷由实从绘画中得到了作词、作曲的灵感，她发现演唱才是最适合自己的表达方式；作家村上龙画了上百张画之后，发现写文章才是最适合自己的表达方式。他们都从绘画中得到了新的认知，发现了自己潜在的才能，然后一发而不可收。

我主办过一个主要面向商务人士的绘画（素描）讲座，由专业画家执教，旨在帮助人们通过学习绘画来开发"平衡左右脑的整体思维能力""发现新事物的能力"以及"统揽全局的协调思维能力"。学员中的很多人以前都是除了美术之外各科成绩全优，唯独对画画一窍不通。

把商业难题交给艺术

我不禁想，为什么会有这么多人独独苦于学习美术呢？

请大家回想一下中学、小学时上的美术课。你们的美术老师是不是让大家"想到什么就画什么，跟着感觉画"？然而你跟着感觉画出来的画却要被老师打低分……

你是不是认为，想要学好画画，就只有不断磨炼感性这一条路？

其实，提高素描水平的诀窍，一方面在于用数学的视角观察事物以及锻炼过硬的逻辑能力，另一方面在于把自己原本就有的感性力量开发出来。

想要画好素描，一半功力在于用数学的视角观察事物。这或许让人觉得意外，但是下面的例子揭示了一个不容置疑的事实：在被日本唯一一所国立艺术大学——东京艺术大学录取的应届考生中，很多学生在中学时数学都学得很好。这个事实告诉我们，绘画需要将掌控感性和感觉的右脑与掌控逻辑的左脑协调统一起来的能力。

前言
艺术与商业的联系

我无意指责中小学的美术教育，不过，所谓"跟着感觉画"是没有办法让左右脑协调工作的。

这就不难理解，为什么近年来在美国和日本等国家，艺术硕士（MFA）比工商管理硕士（MBA）更受关注。在以前的商业领域，MBA学位被看作一种身份和地位的象征，是一枚"勋章"。然而，在现在的美国，拥有MFA学位的人才比拥有MBA学位的人才更受推崇。在当今的时代背景下，许多拥有MFA学位的人比拥有MBA学位的人得到了更高的工资和更好的待遇。

当前经济衰退、物质过剩，设计性和艺术性成了产品有吸引力、激发消费者购买欲的关键。拥有MFA学位的人才在读研时对设计性和艺术性做过透彻的研究，这些人具有协调统一左右脑、平衡思考问题的能力。他们之所以备受追捧，正是因为他们掌握了能够直接左右销量的技术。而且，拥有MFA学位的人要比拥有MBA学位的人少得多，自然是物以稀为贵。

把商业难题
交给艺术

当今的商业环境复杂多变，充满了不确定性。如果仅仅依靠过往的知识、思维逻辑和分析方法，我们总结出的观点和理念就会存在局限性。因此，**凭直觉把握全局的感性能力、以独特的视角发现新课题的能力，以及创造性地解决问题的能力，在商业领域的重要性日益受到瞩目。**

至今，我们一直侧重锻炼左脑主导的逻辑思维能力。逻辑思维能力固然非常重要，但是如果人们想从容、优雅地直面 21 世纪的生活，那么，源自艺术的感性力量同样重要。本书从大量的实例出发，希望可以和大家一同探索我们几乎每天都会接触到的商业和我们平时不怎么接触的艺术之间到底有着怎样的关系。

你对艺术的了解有多少？

扫码鉴别正版图书
获取您的专属福利

扫码获取全部测试题及答案，
看看你对艺术的了解有多少？

- 艺术绝不是孤立的，它与诸多领域有着千丝万缕的联系。以下与艺术的联系最为紧密的是？（ ）

  A. 科学、设计、表现形式

  B. 科学、技术、设计

  C. 思想、设计、灵感

  D. 思想、灵感、表现形式

- 通过学习绘画的基本功——素描，我们可以增强逻辑思维与感性之间的平衡能力。而且，掌握了素描技能，还有助于培养我们的：（ ）

  A. 仔细观察并应用的能力

  B. 坚持并实现预想的能力

  C. 学习理论并实践的能力

  D. 提高效率并行动的能力

- 艺术的基础是：（ ）

  A. 物质

  B. 逻辑

  C. 素描

  D 审美能力

扫描左侧二维码查看本书更多测试题

目录

第1章　商业与艺术的意外关联　001

龙头企业擅于吸收艺术元素　003

形象管理时代下 CEO 的左膀右臂　007

技术因为与艺术的融合而变得更敏锐　010

素描能力是数据可视化的基础　015

房地产与艺术的关系　018

管理者为何钟情于艺术　023

艺术突破理性思维的极限　032

第2章　艺术的作用及意义　035

艺术的主要作用　037

艺术的意义　040

密切相关的四要素 　　　　　　　　　　044

第 3 章　艺术・设计・创造　　　　061
艺术与设计区别在哪里　　　　　　　063
设计的思维过程　　　　　　　　　　069
艺术的思维过程　　　　　　　　　　072
从无到有的思维方法　　　　　　　　077
市场需要可以无中生有的人才　　　　089

第 4 章　艺术的基础是逻辑　　　　095
在绘画中融合了逻辑与感性的两位大师　　097
艺术是后天习得的能力吗　　　　　　107
随心所欲地画是不合格的美术教育　　115

第 5 章　艺术中的创新要素　　　　123
什么是创新　　　　　　　　　　　　125

目录
CONTENTS

第 6 章　艺术思维　　　　　　　　　　　135
突破商业局限性的思维方法　　　　　　　137
掌握艺术思维　　　　　　　　　　　　　148
绘画鉴赏打开新认知的大门　　　　　　　150
素描是艺术思维的空挥训练　　　　　　　159

第 7 章　艺术的实践！用素描提升思维能力　165
美术的"守破离"　　　　　　　　　　　　167
艺术与逻辑　　　　　　　　　　　　　　169

结　语　艺术思维改变商业未来　　　　　193

第1章
商业与艺术的意外关联

我相信,很多人都认为艺术与商业毫不相干。但事实上,艺术总是在推动着商业的发展。下面让我们通过一些实例,把目光聚焦到与商业近在咫尺的艺术上。

第 1 章
商业与艺术的意外关联

龙头企业擅于吸收艺术元素

Facebook 中满是艺术元素

位于美国硅谷的 Facebook[①] 总部中,到处都是艺术元素,有一直延展到天花板的画,有纽约地铁站里常见的涂鸦,还有漫画中的英雄人物形象。其中一些画每天都会由公司员工加上几笔,还有一些是马克·扎克伯格亲手用喷枪绘制的涂鸦。

在日本,很多公司也在会客室等空间陈列漂亮的印象派风景画,但是 Facebook 的独特之处在于其总部里几乎所有的画都是未完成的,Facebook 默许员工每天给这些画加上几笔。

---

① Facebook 已于 2021 年宣布将公司更名为 Meta。——译者注

把商业难题
交给艺术

这家公司一直在成长。

Facebook起步于一间大学宿舍,创始人扎克伯格时刻提醒自己不要忘记创业精神,并通过艺术活动将这一理念分享给全体员工。同时,扎克伯格也是一名艺术爱好者。他认为,艺术氛围浓厚、充满创造力的工作环境可以源源不断地激发创新思维。

美术系大学生创办爱彼迎(Airbnb)

民宿短租预订平台爱彼迎受到了全球旅游爱好者的青睐,而这家公司的其中两位创始人布莱恩·切斯基(Brain Chesky)和乔·杰比亚(Joe Gebbia)都毕业于美国的艺术类院校。他们先是一起创办了一家设计公司,但效益不佳。为了弥补亏空,他们出租了自己的房屋,而这就是爱彼迎平台的起点。

身为设计师,他们在短租平台正式走上轨道之前提

第 1 章
商业与艺术的意外关联

出了各种匠心独具的点子，比如装饰出租的房间，让拍出来的照片更漂亮。爱彼迎不仅是提供房屋出租服务的平台，还添加了很多优化租客旅游体验的要素。他们在设计网站时注入了大量的原创构思，注意满足客户的感性需求。从某种程度上说，正是从艺术类院校毕业的经历赋予了他们独到的视角，他们才创造出现在的佳绩。

奢侈品旗舰店里的艺术空间

全球知名的奢侈品品牌在世界各地开设分店时，有一条明确的规则：**旗舰店里必须设有艺术空间**。以日本为例，比较知名的艺术空间有路易·威登表参道[①]店中的文化艺术空间、香奈儿银座店中的香奈儿大厅、爱马仕银座店中的爱马仕之家，等等。每一处艺术空间都有专门的负责人，精心安排各种充满个性的展览。其中，香

---

① 日本地名，位于涩谷附近，是东京的时尚品牌聚集地，也是深受年轻人喜爱的购物胜地之一。——编者注

把商业难题交给艺术

奈儿大厅尤为独特，那里不仅会举办艺术展，有时还会举行古典音乐会。

这些展览和演出展示了企业支持文化艺术活动的社会公益性，随之而来的品牌宣传作用也不容小觑。如今，品牌价值已然成了左右企业价值的重要因素，在经营战略层面至关重要。

其他行业往往只把支持艺术活动定位为社会公益活动的一环，而奢侈品行业却将艺术活用到了产品战略上。路易·威登公司尤其如此，它打造了很多与世界一流艺术家联名的产品，只在限定时期内出售。相信读者朋友中应该有人在商场的橱窗里见过路易·威登与艺术家村上隆或草间弥生联名设计的箱包吧。

奢侈品公司与艺术家互相认可彼此的价值（企业价值和艺术家本人的价值），通过合作提升彼此的存在价值，正是一种双赢的关系。

第 1 章
商业与艺术的意外关联

形象管理时代下 CEO 的左膀右臂

谁是乔布斯的首席军师

假设你是一家公司的 CEO（首席执行官），当你想到一个新项目或者新产品的点子时，会最先和谁商量呢？

筹措资金是必不可少的，所以你会先去找 CFO（首席财务官）吗？要考虑市场的需求，你应该先把 CMO（首席营销官）请过来吗？又或者需要马上将想法付诸实践，所以你应该先和 COO（首席运营官）商量吗？

然而，当今那些让全世界仰望的企业的 CEO 都会选择先找来 CCO（首席创意官，设计和品牌活动的负责人）。

为什么先找 CCO？原因非常简单。CCO 可以将深藏于 CEO 脑海中的事业发展计划以可视化的形式展示给董事会其他成员，获得他们的理解。运用语言和图表的逻

把商业难题交给艺术

辑能力固然重要，但通过图像分享信息的能力更为重要。

我听说史蒂夫·乔布斯每次有灵感时就会马上把首席设计师乔纳森·伊夫（Jonathan Ive）叫到身边，让他先做一个雏形出来。

无独有偶，后来将乔布斯扫地出门的约翰·斯卡利（John Sculley）也绝不是只靠逻辑办事的人。我曾在一个电视节目中看过斯卡利根据乔布斯提出的模型绘制的草图。这张1984年的草图中画着乔布斯心目中的未来电话，旁边还标有"MAC PHONE"的字样。斯卡利凭借自己高超的素描能力和数据可视化能力，将乔布斯对iPhone原型的构思用图画呈现了出来。

日本有CCO吗

大约30年前，日本的一家著名公司就有了相当于CCO的职位，这一职位对该公司的决策起到了关键作

第 1 章
商业与艺术的意外关联

用。当然，当时还没有 CCO 这个名称。

当时，这家公司需要给一个新产品起名字，而项目负责人在董事会上的提案遭到全票否决。这时，CCO 出手相助，他说也许改一改商标就能给人留下截然不同的印象。于是，这个项目得到了一个重新设计商标之后再次开会讨论的机会。会后，这位 CCO 马上将项目负责人叫到办公室，一起构思新商标。

在第二次董事会上，该产品的名称顺利通过了。也许当时是直觉告诉这位 CCO，项目负责人提议的名称将来会被大众接受吧。几十年过去了，这个产品的名称至今依旧广为人知。虽说历史不允许假设，但是，如果当时这位 CCO 不在场，恐怕现在这个产品使用的就是其他名称了，它是否还能像现在这样屹立几十年不倒，我们也不得而知了。

上面提到的这位 CCO 名叫龟仓雄策，是 1964 年东

把商业难题
交给艺术

京奥运会会徽的设计者。龟仓雄策大概是日本唯一一位享誉全球的平面设计师，他设计出无数经久不衰的作品，如日本电信电话公司和尼康的商标等。此外，他还设计开发了世界上最早的静态象形图标。

龟仓雄策在上文提到的公司任职期间参与了数不胜数的设计活动，他的职位绝非虚有其名。尽管如此，在他于 1997 年辞世之后，他曾任职的那家公司便裁撤了这个职位。然而，与之相反的是，自 20 世纪 90 年代末开始，美国商界便意识到 CCO 是不可或缺的存在。

技术因为与艺术的融合而变得更敏锐

科技公司缘何进军广告界

表 1-1 列出了 2004 年和 2016 年全球排名前十的广

第 1 章
商业与艺术的意外关联

告公司。通过对比，我们很容易发现排名表中的公司略有出入。尤其值得注意的是，在 2016 年的排名中，埃森哲和 IBM 分别位列第六和第九，而这两家公司在 2004 年时还未上榜。

表 1-1　2004 年和 2016 年的全球前十大广告公司

排名	2004 年	2016 年
1	奥姆尼康（Omnicom Group）	WPP 集团
2	WPP 集团（Wire & Plastic Products Group）	奥姆尼康
3	埃培智集团（Interpublic Group）	阳狮集团
4	阳狮集团（Publicis Groupe）	埃培智集团
5	电通（Dentsu）	电通
6	哈瓦斯（Havas）	埃森哲
7	安吉斯集团（Aegis Group）	哈瓦斯
8	博报堂（Hakuhdo）	联合数据系统公司 (Alliance data systems)
9	旭通广告公司（Asatsu-DK）	IBM
10	卡尔森市场营销集团(Carlson Marketing Group)	博报堂

注：数据来自《广告时代》（Ad Age）2016 年度代理机构榜单。

与其他行业一样，广告业也迎来了数字化的浪潮。受其影响，原本与广告业属于不同领域的科技公司，比

011

把商业难题
交给艺术

如埃森哲和 IBM，其广告业务营业额逐年攀升。这些公司为什么能够进入广告业呢？

老牌广告公司在公司和所属集团内部自然都设有销售部、营销部及创意部，而这些从其他行业进入广告业的公司又如何呢？埃森哲在世界范围内网罗了大量设计师，还收购了许多设计公司。2016 年，埃森哲日本分公司聘请了专属设计师，将提供数字服务的 IMJ 公司收入旗下。而 IBM 的美国总部中更有多达 1 500 名设计师。

随着广告技术的出现，广告业的投放渠道掀起了革命大潮，但创意的重要性从未动摇。**准确地说，正是因为现在的广告技术可以更精准地定位广告的投放目标，创意就变得越来越重要了。**

今后，能够通过机器学习并完成工作的领域可能会全面自动化，然而正因如此，在那些机器无法胜任的纯粹的创意领域，艺术的力量会被全世界所需要，也会变

第 1 章
商业与艺术的意外关联

得比现在更为重要。届时，IBM 的 1 500 名设计师就能大显身手了。

IBM 的起点在哪里

作为大型通用计算机（主机）的一大制造商，IBM 美国总部如今坐拥 1 500 名设计师，已经完成了向咨询公司的转型。在我看来，这一转型的契机可以追溯到 30 多年前，即 20 世纪 80 年代中叶。

当时，IBM 推出了 IBM5150，这也是世界上第一台个人计算机。到 1984 年，第一代苹果电脑（即 Mac）问世，但在问世之初无人问津，当时的负责人乔布斯于 1985 年引咎辞职。乔布斯离开苹果公司之后，仍然继续致力于苹果电脑的改良。1986 年，经过改良的第三代苹果电脑问世。自此，苹果电脑高歌猛进的时代来临了。

随着可以处理大规模数据、适配小型计算机系统接

013

把商业难题
交给艺术

口的硬盘和划时代的文档编辑软件 Adobe 的出现,现在司空见惯的桌面出版系统①得以普及,给出版界带来了革命。此外,苹果公司开发出了苹果电脑专用的软件,可以说,苹果电脑包揽了整个个人电脑市场。当然,苹果电脑一流的设计性也备受好评。

IBM 因为苹果电脑势如破竹的发展而备感压力,而他们的对策竟然是请来美术老师,给公司的 200 名工程师上绘画课。IBM 希望工程师通过学习绘画来掌握画家和设计师的创意能力,从而获得创造性解决问题的能力。30 多年之后,IBM 已经不满足于让员工上绘画课,而是成功转型为一家拥有 1 500 名专业设计师的公司。在我看来,30 多年前工程师上的绘画课正是 IBM 作为咨询公司的起点。

---

① 桌面出版系统(DTP,Desktop Publishing)指通过电脑等电子手段进行报纸、书籍等纸质媒体的编辑和出版。——编者注

014

第 1 章
商业与艺术的意外关联

素描能力是数据可视化的基础

数据可视化革命

我们每天都要与海量的数据打交道，但一个人一次能认知的最大信息量不过是几张 A4 纸的内容。也许在不久的将来，我们会进入必须从海量数据中获取答案和结论的时代。届时，统计和数据分析软件、机器学习等将成为非常便利的工具。

但是，这些工具绝不会取代人类在重大项目上的决策地位，最终决定一切的还是人类。

因此，我们需要将大脑无法掌握的海量数据转化为直观可视的图像，对数据进行可视化处理，从数据中得到各种各样的信息。现在，这种数据可视化技术正受到越来越多的关注。

把商业难题
交给艺术

素描训练出来的洞察力

我向一个数据可视化开发团队的主要成员樱井稔先生请教过数据可视化的过程。

樱井先生曾经在东京艺术大学学习设计。据他介绍,数据可视化所必需的观察、理解事物的过程与完成一幅素描的过程是一致的。素描是绘画的基础,画素描时最重要的是在观察素描对象的过程中不断重复"俯瞰全局"和"主观把握"这两种视角。具体来说,素描是从描绘物体的大致形态开始的,所以要先通过俯瞰的视角整体把握素描对象,描绘出大致的轮廓之后,再一点一点地填充细节。然而,初学者往往只注意细节,无法把握整体的平衡,因而无法完成素描。

完成一幅素描的关键在于运用俯瞰全局和主观把握这两种视角,不断在整体把握和细节填充之间切换。**通过素描培养出来的技巧对数据可视化起到了很大的作用。**

第 1 章
商业与艺术的意外关联

可视化带来新发现

图 1-1 为日本羽田机场附近上空的飞行轨迹数据的可视化路线图。据说,羽田机场的工作人员看到这种可视化轨迹之后深受震撼。虽然他们每天都看着飞机起起落落,但可视化飞行数据让他们重新意识到飞机是在何等精确的计算之下,才能以如此高的密度在空中运行,因而再次认识到自己肩负的重任。

图 1-1　可视化飞行轨迹数据

把商业难题
交给艺术

　　机场的工作人员之所以能得到这样的新认知,是因为掌控感性的右脑从感性的视角重新审视了掌控理性的左脑平时在做的工作。这正是可视化带来的新发现。

　　如今,数据可视化已被应用到地方振兴以及通信等多种多样的领域之中。

房地产与艺术的关系

艺术抬升地价

　　只要是艺术家住的地方,地价就会上涨。在日本以外的国家,在那些房价居高不下的城市中心,这个说法即便算不上常识,也是不容置疑的事实。

　　但是你想过为什么会这样吗?

第 1 章
商业与艺术的意外关联

因为艺术家需要较大的创作空间,所以他们往往频繁搬家。几乎世界上所有的城市都是离市中心越近,房租越贵,所以艺术家往往会在连路灯都没有的黑黢黢的废弃的厂房、仓库区找到价格合适的房子。而且厂房、仓库挑高较高,设备齐全,对艺术家来说是比较理想的选择(日本也有一些艺术家对废弃的厂房和仓库等进行简单改造,将其作为共同使用的工作室)。

艺术家对外开放工作室,让人们到工作室参观作品和创作现场,举办面向当地民众的艺术展,为大家提供交流的场所。渐渐地,围绕这些工作室就会形成一些社区,为当地街区注入活力。于是,之前遍布闲置厂房的旧工业街区突然充满了魅力,小咖啡馆和面包房等相继开张,当地的向心力不断凝聚。杂志和网站纷纷推出特集介绍这些街区,这些地方成为流行文化园区,抬升了当地的房价。

20 世纪 80 年代,拥有大量闲置厂房和仓库的纽约

把商业难题
交给艺术

苏豪区聚集了众多的年轻艺术家,他们在那里居住和工作。现在,苏豪区成了奢侈品品牌专卖店林立的高档社区。我曾经访问过那里。当时,那里和东京的下北泽[①]差不多,到处都是废弃的厂房和仓库,我经常看见穿着溅满颜料的连体工作服的年轻艺术家。当时的我丝毫未曾想过,那里会成为像现在这样高档品牌门店林立的上流街区。

艺术改善治安、优化景观

纽约有一段很有趣的往事。在某一时期,纽约很多大楼的墙壁上到处是被人乱涂乱画的痕迹,擦掉了又被画上,像是故意捣乱般一直反复出现。这不仅影响了街道的整体景观,清洁费用也是一笔不小的开支。为了解决这个问题,大楼的业主请艺术家在墙壁上作画,之后,

---

① 位于东京世田谷区,20 世纪 80 年代时比较破败、落后,现在以特色服装店和潮流咖啡馆而闻名,是年轻人的聚集地。——编者注

第 1 章
商业与艺术的意外关联

乱涂乱画的现象一下子就消失了。可能捣乱的人看到艺术家的画之后受到了震撼,也觉得不应该破坏画作的美感吧。

现在,大楼墙壁上的这些画被称为墙绘(也称作涂鸦),成了纽约的一道风景。墙绘不是乱涂乱画,而是一种受到认可的艺术形式。法国新闻社曾报道过这样一则消息:"2018 年 2 月 12 日,纽约联邦地区法院判决拆除涂鸦墙的房地产开发商向 21 位艺术家支付赔偿,赔偿金额总计 675 万美元。"原来,艺术家们以违反美国《视觉艺术家权利法》(*Visual Artists Rights Act*)为由提起诉讼、要求赔偿,并获得胜诉。

房地产开发商连续 20 年为艺术家提供创作涂鸦的空间,因为这些涂鸦墙,该地区成了知名的观光景点。

据说,房地产开发商拆除涂鸦墙是因为要建设高档住宅区。艺术提升了当地的地价,而开发商却要毁掉价

把商业难题
交给艺术

值本身，所以他们受到了惩罚。就这一点来说，纽约法院的判决非常合理。

艺术的性价比

据称，东京某地区每年都要花费 2 000 万日元来治理乱涂乱画的现象。若这种恶意捣乱的现象持续 5 年，政府就需花费 1 亿日元的治理费用。然而，如果改为支付 1 000 万日元请艺术家来作画的话，**5 年内可以减少高达 9 000 万日元的开支**。这样做既能节省成本，又能美化街区景观，而且很可能会像纽约那样提升街区本身的价值。

2017 年，日本出现了一个致力于开发街区新价值的非营利组织——"1/365"。它举办的第一项活动就是在涩谷宫下公园新开发区的墙壁上绘制一幅全长 200 米、世界最大规模的墙绘。不得不说，该组织今后的活动值得期待。

第 1 章
商业与艺术的意外关联

管理者为何钟情于艺术

昭和时期① 杰出的管理者建造了很多美术馆

出光（Idemitsu）、普利司通（Bridgestone）、三得利（Suntory）和资生堂（Shiseido）这几家具有代表性的日本企业有一个共同之处：**他们的创始人都建造了美术馆和画廊，而且至今依然定期举办各种各样的展览。**

经营美术馆需要耗费巨大的人力和物力。经营者除了需要保证展出空间，还需要专门的仓库来存放美术品。这种仓库并非普通仓库，因为美术品会随着时间的流逝出现劣化和损伤，所以需要严格控制环境温度和湿度等条件。此外，美术馆里还要有策展人等常驻员工。所以，抱着玩票的态度经营美术馆是绝对行不通的。

---

① 昭和是日本天皇裕仁在位期间使用的年号，昭和时期指 1926 年 12 月 25 日至 1989 年 1 月 7 日这段时间。——编者注

把商业难题
交给艺术

那么，这些杰出的管理者为什么不惜劳心劳力，花费大量资金来建造和经营美术馆呢？接下来我们一起看看这些创造出新价值的杰出经营者身上究竟有着怎样艺术化的一面。

艺术是商业的出发点

著名管理学家亨利·明茨伯格在其著作《管理者而非MBA》（Managers not MBAs）中指出，**管理是"技巧（经验）""艺术（直觉）"和"科学（分析）"三要素相融合的产物**。他在书中分别定义了三要素：首先是技巧，源自实际经验的实用性；其次是艺术，鼓励创造性，催生直觉和远见；最后是科学，通过系统的分析和评价形成秩序。

明茨伯格还阐述了三要素之间保持均衡的重要性。比如，在经济快速增长的时期和稳定发展的时期，管理的关键在于如何让已经成形的体制有效发挥作用，所以

第 1 章
商业与艺术的意外关联

这些时期的管理更侧重于技巧和科学。

出光、普利司通、三得利、资生堂等拥有自家美术馆的企业,其历史可以追溯到第二次世界大战以前。这些企业曾不得不面对战后的一片荒芜,从百废待兴的混沌状态中重新出发。在这种情况下,前述三要素中的艺术就成了关键。**对一个被迫重建的社会而言,管理方面的创造性成了最重要的因素**。艺术可以带来有创造性的见解,而这些见解会通过技巧付诸实践,再经过科学的分析,进一步提高效率。可见,艺术是这一系列活动的发动机。

我们是否可以认为,开展商业活动其实和艺术家在空白的画布上作画的过程很相似?

美国流传着这样一句夸赞商业的话:"艺术的商业(像艺术品一样无与伦比的商业),艺术的生意(像艺术一样出色的交易)。"在欧美国家,"艺术"这一概念不仅

把商业难题交给艺术

用于指代艺术表现本身，还被用来指称艺术所涉及的广泛活动。充满革新的艺术，在技巧和科学的协助下，逐渐体制化、效率化、标准化。

杰出的艺术总是被模仿，智能手机 iPhone 就是其中一例。2007 年 iPhone 问世时，市面上的其他手机基本都是功能型手机，所以人们一眼就能识别出 iPhone，但是现在人们再想做到这一点就很困难了。因为在 iPhone 问世十多年后的今天，其他公司纷纷通过非艺术的科学和技巧模仿 iPhone，几乎所有手机都智能化了。结果，这一领域开始出现同质化[①]，最终走向价格竞争。

21 世纪已经走过了五分之一，我们身处的环境在不断发生变化。正所谓"长江后浪推前浪"，既是伟大艺术家又是杰出管理者的先驱们创造出的事物渐渐被时代的洪

[①] 日语原文对应的英文为 commoditization，指原本具有经济价值并且具有可区分属性的商品最终成为市场或消费者眼中的简单商品的过程。——译者注

第 1 章
商业与艺术的意外关联

流冲刷褪色。在明茨伯格所说的"艺术""技巧"和"科学"这 3 个要素之中,你认为现在哪一个才是最必不可少的呢?

贵族义务①

两三年前,我从一位与纽约著名画廊合作的日本画家那里听到这样一则趣闻。

在美国,一个人要想成为公司高管,必须学习美术(包括鉴赏方法和美术史)。

理由主要有两点。其一,**在上层人士云集的商务会谈上,谈论与艺术相关的话题往往是破冰的手段,谈及艺术的概率非常高。**高层管理者如果不具备美学素养,就会被看作是只会赚钱的人,被人看穿、抓住弱点,结

---

① noblesse oblige,译为贵族义务,有"能力越强,责任越大"之意。——译者注

把商业难题
交给艺术

果给公司带来损失。其二，**学习艺术是为了让管理者对事物有新的认知和发现**。据说，很多公司高管一开始都是强迫自己去学习艺术的，但后来不少人成了艺术爱好者或是收藏家。

我的那位画家朋友曾感叹说，连全世界公认最功利的美国企业都能理解艺术的力量和价值，可日本企业中不了解艺术价值的人太多了。购买他作品的人中外国收藏家居多，而站在他的立场上，他更希望买家是日本同胞，他希望更多的日本人看到自己的作品。他当时高声诉说的样子，我至今历历在目。

杰出的管理者为什么要花费大量的时间和金钱来建立美术馆，又为什么要公开展出自己私藏的美术藏品呢？这是因为"能力越大，责任越大"是身居高位的成功人士对社会抱有的坚定信念。普利司通的创始人兼普利司通美术馆第一任馆长，已故的石桥正二郎先生曾这样说道：

第 1 章
商业与艺术的意外关联

没有什么比淘到一幅自己喜欢的画更让人开心的事了。名画珍品原本就不应该被当作个人的私藏。建立美术馆、为推动文化发展贡献自己的力量是我的夙愿。

管理者希望人们都能看到那些曾经给自己带来勇气、曾经成为自己精神支柱的美术作品,也希望人们可以度过一段充实的时光。这就是他们对社会抱有的坚定信念。

我听说,最近有一位因为创办风投公司而大获成功的管理者,正准备在东京地价最贵的原宿建立一家美术馆。

彼得·德鲁克钟爱日本画

"管理学之父"彼得·德鲁克对全世界的管理者、公司高层和众多商务人士产生了巨大影响。但不为人知的是,这位著名的管理学家是世界上为数不多的日本画收藏家之一。

把商业难题交给艺术

　　德鲁克与日本美术邂逅于 1934 年。当时在伦敦一家银行工作的德鲁克看了一场展览，从那以后，他便对日本美术难以忘怀。

　　从 1959 年初次赴日开始，德鲁克便不断收藏水墨画、禅画等作品。这些藏品大多被收藏在他的别墅里，他将这些藏品命名为"山庄集"。据说，德鲁克生前被问及为何收藏日本画时经常说：**"我看日本画是为了恢复精神，摆正看待世界的眼光。"**

　　德鲁克对收藏画作充满热情，所有添加到藏品中的画作都是他精心甄选出来的。他会反复问自己："我为什么被这幅画吸引？它对我而言为什么是特别的？"他会再三斟酌，还会考虑作品与现有藏品之间的协调性。

经营管理与艺术的关系

　　德鲁克为什么对日本画如此痴迷呢？从前面的内容中，我们可以对艺术与管理的共同之处略窥一二。

第 1 章
商业与艺术的意外关联

| 创造新价值 |

艺术家用画笔在空白的画布上创作,总是在表现全新的自我。而开创新纪元的企业创造出之前不存在的新价值,这与画家在空白的画布上创作新作品别无二致。

| 和谐与平衡 |

杰出的艺术作品达到了绝妙的和谐与平衡。让德鲁克着迷的,可能也是水墨画和禅画的这种和谐与平衡。在企业的经营和管理方面,管理者与员工齐心协力、在不同层面达到和谐的要求也越来越受到重视。保持这样的和谐与平衡,称得上是一门艺术。

| 洞察时代 |

杰出的艺术家能够洞察时代,并将自己的发现反映在作品当中。当代艺术大师安迪·沃霍尔的作品大多以象征量产消费文化的人、事、物为主题,比如人尽皆知的

金宝汤罐头和玛丽莲·梦露等。他洞悉当时世界第一消费大国——美国的动向，将艺术推到大众的面前。

企业提供的服务和商品也遵循同样的道理。只有把握所处时代的脉搏，配合时代的脚步向前迈进，才能抓住人们的心。

总结一下艺术和经营管理的共同之处，我们不难发现，想要培训未来的管理者，与其送他们去读商学院，或许不如先让他们去学艺术。

艺术突破理性思维的极限

读到这里，相信大家已经清楚地了解到，艺术的精华也能运用到商业领域之中。

第 1 章
商业与艺术的意外关联

一位现居欧洲的朋友曾对我说，理性在欧美人的思维中占八成，在拉丁民族思维中占七成，在日本人的思维中占六成。反过来说，这也就意味着日本人原本就拥有丰富的感性思维。我完全没有否定理性思维的意思，更不是什么艺术教条主义者。不过，近年来，美国人也开始意识到理性思维是有局限性的，只凭理性无法创造出更多的新价值。所以，当今社会已经开始转型，正在慢慢转变为 MFA 学位的持有者可以大展宏图的社会，而几十年前的商界对 MFA 还是一副漠不关心的态度。

我们的逻辑思维在各种各样的场合发挥着作用。比如，为了通过会议或禀议①表决我们会运用数理逻辑，为了说服客户，我们会运用事实论证及数据分析等。但是，这些都不是从无到有的创造。从 1 到 2，从 2 到 3、4、5，这样的升级、进步固然重要，然而，播下从无到有的"艺术（直觉）"种子也同样重要。

---

① 日本的一种传统决策体制，指就重要事项拟定禀议书，然后呈报上级裁决的制度。——编者注

第 2 章
艺术的作用及意义

想要实现商业的突破与创新，艺术的感性力量不容小觑。上一章呈现了将艺术的结晶应用在商业中的实例。本章要先聊一聊艺术的作用和意义，然后详细解读艺术的定位。

第 2 章
艺术的作用及意义

艺术的主要作用

用感性提出问题、创造新价值

首先,我们来看一看艺术的定位。

艺术绝不是孤立的。艺术与诸多领域有着千丝万缕的联系,那种将艺术视为一种特殊存在的观点是错误的。从艺术的主要作用出发,我们可以更清晰地看到艺术在我们的生活和工作中究竟扮演着怎样的角色。科学、技术、设计与艺术息息相关却又功能各异。下文将通过对比上述四者来梳理艺术的定位和作用。

在以"提出问题、创造价值到解决问题"和"逻辑到感性"这两对要素为坐标轴分割出的四个区域中,分别填入技术、科学、设计和艺术,会呈现图 2-1 所示的关系。

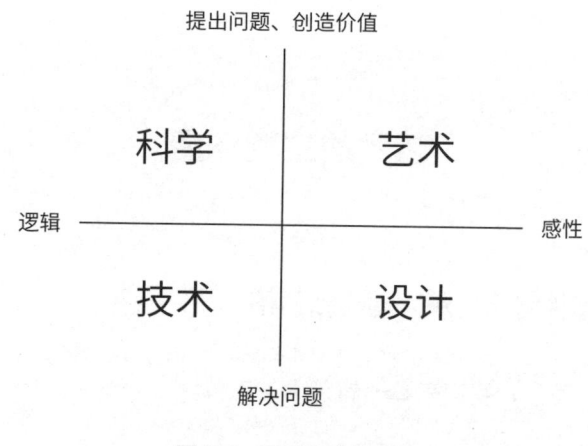

```
         提出问题、创造价值
              │
    科学      │      艺术
              │
逻辑 ─────────┼───────── 感性
              │
    技术      │      设计
              │
         解决问题
```

图 2-1 两对要素关系图

技术，以逻辑解决问题。

接下来举个例子。相信很多人都知道网络广告定向推送，这种广告推送方式是让搜索引擎和社交媒体弹出最符合客户需求的广告。以前，多媒体广告的传播范围最广，是广告的主流形式。而现在，随着互联网技术的发展，最能匹配用户需求的广告会被推送给每一位用户。广告技术解决了广告业的难题，推动了广告业的发展和变化。

第 2 章
艺术的作用及意义

科学，用逻辑提出问题并创造新的价值。

这样的例子远有牛顿的万有引力定律和爱因斯坦的相对论，近有山中伸弥发现的诱导性多能干细胞[①]及其应用技术的研究开发。诱导性多能干细胞技术的出现为再生医学领域打开了一扇新的大门，同时也提出了新的伦理问题。

设计，用感性解决问题。

通过设计改变产品的包装而使销量提高数倍的例子屡见不鲜。设计的职责就在于从感性层面出发，寻找解决问题的突破口。比如，如果使用的餐具和家具等物品都充满设计感，我们会觉得内心富足。

艺术，用感性提出问题并创造新的价值。

---

① 指通过导入特定的转录因子，将终未分化的体细胞重新编程为多能干细胞的技术。——编者注

把商业难题
交给艺术

相信大家对印象派多少有所了解。最初，绘画的使命是写实地描绘所见之物。然而，印象派画家注重跟随内心的感受，直接"通过作品表现自己"。他们借助作品与鉴赏者的感性对话，对绘画的传统表现方式提出质疑，创造出新的表现手法。

印象派诞生于法国，但当时没能激起什么水花，反而在新兴的美国反响不俗。新的表现手法被成长中的新兴国家认可，这绝非偶然。

艺术的意义

艺术是深层思考

思考大致可以分为两种类型，即表层思考和深层思考。

表层思考用于完成短期任务或目标。比如：

第 2 章
艺术的作用及意义

- 为了达成 KPI[①]，每天遵照 PDCA[②] 循环推进工作。
- 思考周末的户外烧烤要准备什么食材。
- 天气预报说明天大雨，所以事先把雨衣和雨鞋放在门口。

深层思考用于实现长期目标或计划。比如：

- 日本为了应对 2025 年的难题[③]，该采取怎样的对策？
- 日本计划在 2030 年全面实现机动车电动化，届时汽车相关产业该如何应对？
- 随着人均寿命延长到 100 岁，我们该如何规划 30 年之后的人生？

---

① Key Performance Indicator，意为关键绩效指标。——编者注
② 一种思考模型，即计划（Plan）、实施（Do）、检查（Check）、行动（Action）。——编者注
③ 指的是第二次世界大战后日本的婴儿潮一代将在 2025 年步入高度老龄化阶段，养老、医疗等导致社会保障支出急剧增多的问题会随之出现。日本的战后婴儿潮一代也被称为"团块时代"，指出生于 1947—1949 年的日本人，是 20 世纪 60 年代日本经济腾飞的主力军。——编者注

把商业难题交给艺术

表层思考负责解决日常工作和生活中的各种问题，而深层思考对实现长期目标来说不可或缺。缺少深层思考时我们会迷失方向，找不到人生的意义。

技术和设计是解决问题时必不可少的工具，倾向于依靠表层思考，而科学和艺术负责提出问题、创造新价值，更多地依靠深层思考。

艺术播下的种子迟早会开花

我主办过一个名为"艺术与逻辑"的讲座，主要面向商务人士，旨在让学员通过学习绘画（素描）来开发"平衡左右脑的整体思维能力""发现新事物的能力"以及"统揽全局的协调思维能力"，进而启发灵感。

学员经常感到困惑的问题是：该如何将在讲座上学到的东西运用到工作中呢？依靠深层思考的艺术，其作用和意义究竟是什么？

第 2 章
艺术的作用及意义

其实，深层思考和地层结构有点类似。人只有不断学习、积累各种经验，深层思考的成果才会显现，进而确立起自己的个性。在此之前，深层思考的作用在每个人身上的表现存在很大的差异。不过，深层思考必然会在某一时刻、以某种形式发挥作用。

下面我们来看一个将深层思考派上用场的实例。

> 如果我当时没去上那门课，苹果电脑就不会拥有这么丰富的字体，也不会呈现出这么赏心悦目的字间距。
>
> 十年后，在设计第一台苹果电脑时，我想起了当时学到的知识，然后，我把这些知识都灌注到我的设计之中。第一台拥有漂亮印刷字体的电脑就此诞生。
>
> ——史蒂夫·乔布斯在斯坦福大学毕业典礼上的演讲[①]

[①] 此处作者的引用对演讲原文做了摘编。——编者注

把商业难题交给艺术

这是乔布斯生前一次演讲中的片段。1975年,他从大学退学后旁听了一门关于花体字的课程。花体字是一门用钢笔等工具设计原创字体的艺术。十年后,他把在这门课上学到的东西用自己的理解诠释了出来。

史蒂夫·乔布斯关于艺术的深层思考的学习经验,也就是那些深植于他大脑深处的"花体字经验",在十年之后突然凝结成一个具体的点子,重现在他的脑海中。这就是艺术的力量。亲身经历过的艺术体验,或早或晚总会开出花朵。

密切相关的四要素

科学、技术、设计和艺术四要素通常被认为是彼此孤立的。不过只要我们回首历史,就不难发现它们曾经紧密相连。这一点在图2-2中一目了然。

第 2 章
艺术的作用及意义

以《蒙娜丽莎》和《最后的晚餐》等知名画作而闻名的文艺复兴时期的代表画家达·芬奇正好可以说明这一点。达·芬奇是文艺复兴时期大名鼎鼎的创新者，同时也是科学家、工程师和建筑师。

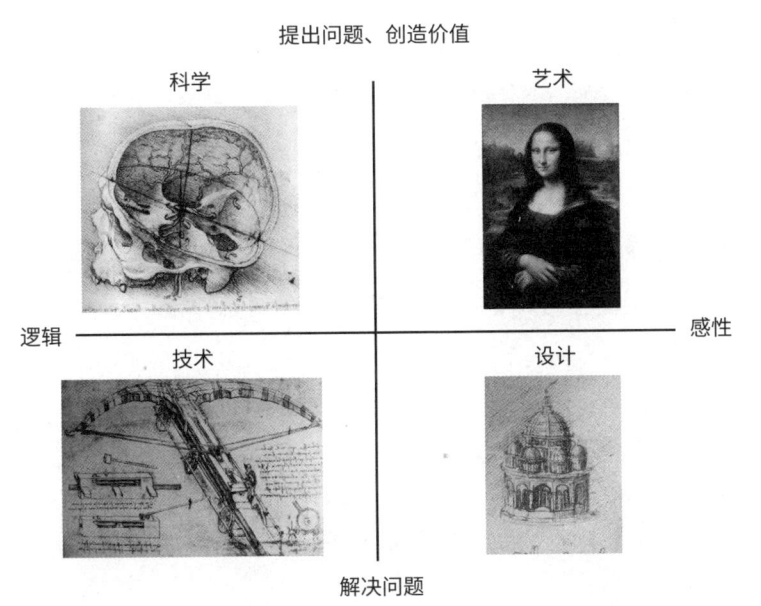

图 2-2 科学、技术、设计和艺术四要素的关系图

把商业难题
交给艺术

在文艺复兴时期，科学与艺术相辅相成。

当时，人文主义者、建筑师莱昂·巴蒂斯塔·阿尔伯蒂（Leon Battista Alberti）在他的著作《论绘画》(On Painting)中详细地探讨了基于数学法则的透视法，他认为绘画是透视法、构图和叙事三要素相互融合的产物。

阿尔伯蒂告诉画家们，除了感性，我们还可以运用透视法来准确地描绘事物，给绘画赋予秩序，为艺术作品注入协调的理念。

除了达·芬奇和阿尔伯蒂，文艺复兴时期还活跃着许多在绘画领域具有代表性的人物，他们同样因为跨越科学、技术、设计和艺术的界限而大放异彩。

如今，四要素再次两两联结。

接下来，让我们以艺术为轴，看一看这四者之间的关系。

第 2 章
艺术的作用及意义

艺术与科学的相互作用

| 美术解剖学是东京艺术大学的必修课 |

医学及医疗领域以最先进的科学（与技术）为支撑。首先，医学专家提出新的发现和发明；然后，医药制造者根据这些新发现和发明的基础性研究成果开发新药物；之后，医疗器械制造商又运用技术生产出各种各样的器械；最后，临床医生将这些工具运用到诊断和手术中。

然而，艺术与医学及医疗领域的关系其实自古就密不可分。 在人类发明照相技术以前，医学书籍中一定会附上手绘的示意图，临床医生也需要以绘图的方式在病历中记录患者的病情。对外科和解剖学方面的医学专家来说，素描功底尤其重要。可以说，绘画技术对通过视觉捕捉患部以及人体特征的诊断方法而言十分重要。

来参加我主办的讲座的学员中也有很多是医生，他们画的画与其他人明显不同。比如画手的时候，因为医生对骨骼结构比较了解，所以他们是在理解了看不到的内部结构的基础之上作画的。

东京艺术大学绘画系的油画专业开设了一门必修课，名为"美术解剖学"。这门课主要研究人体的形态与结构，以便更好地描绘有机物（自然物）。据说，这门课发端于1889年由森鸥外[①]执教的课程。

| 艺术视角可以推动科学发展 |

哈佛大学、斯坦福大学、哥伦比亚大学等美国知名大学的医学院都引进了包含艺术教育在内的特殊课程，该课程的内容是在导师的指导下鉴赏绘画作品。结果显示，经过这门课程的训练，学生的视诊技术得到了显著提高。

此外，上这门特殊课程的时间越久，医学生就越重

---

① 日本医学家、小说家、评论家、翻译家。——编者注

第 2 章
艺术的作用及意义

视人文关怀,为患者提供问诊服务的时间就越长。原来,当时基于先进器械和数据的诊断方法逐渐普及,学校担心作为未来医师的医学生会丧失人文主义精神,故而开设了这门课程。

除了绘画鉴赏的课程,这些学校还开设了别具一格的素描课。在素描课上,医学生要先学习作品的理念、艺术家秉持的哲学思想等作品的底层逻辑,然后再动手画素描。这门素描课可以让医学生更加敏锐地捕捉患者的气色、声音以及表情的不同之处,提高视诊诊断的准确率,显著地改进医学生的临床医学技术。

这些都是艺术通过感性提出问题、创造价值,从而为科学赋予新意义的实例。

有一位在我主办的讲座中担任过讲师的画家曾取得德国学术交流中心的奖学金而前往德国留学。当时,在机缘巧合下,他结识了另一位同样前来留学的数学家。

把商业难题
交给艺术

那位数学家对他说:"当我的研究走进死胡同的时候,我就去美术馆看看画,往往会在这个过程中找到灵感。"这位数学家没有说具体看什么流派(是写实派还是抽象派)、谁的画,但毋庸置疑,艺术鉴赏对他意义非凡。

| 艺术与科学的实践 |

下面我们再通过一个实例,从商业的角度来看看艺术与科学之间的关系。

美国互联网技术公司中流传着一种说法是"the art of art and science",其大意是"艺术与科学的实践"。我向一个朋友详细地请教过这种说法的含义。这位朋友任职于美国加利福尼亚州的一家公司,他们公司向许多跨国公司的电子商务网站提供机器学习搜索引擎。

这种说法的意思是,**在分析数据、证明假设的科学路径与认真观察事物、深入理解客户需求的艺术能力之间取得平衡,可以促进事业的发展。**换句话说,我们可以把最先进的技术套在科学和艺术这两个车轮上，推动商业这辆车前行。

拥有最先进人工智能技术的互联网公司不仅清楚艺术的力量，还加以吸收和运用，这一事实引人深思。或许，正因为这些公司可以熟练地运用互联网技术，才更深谙什么是人类应该做的事吧。

艺术与技术的关系

| 黑客与画家 |

风险投资家保罗·格雷厄姆（Paul Graham）开发了世界上第一个基于 Web 的网上商店应用程序 Viaweb，他将这个应用程序出售给雅虎，赚取了巨额财富，现在他是投资了 1 400 多家创业公司的风险投资公司 Y Combinator 的创始人。Y Combinator 以孵化出 Dropbox、爱彼迎等公司而知名，相信大家对这些企业都不陌生。

把商业难题
交给艺术

与文艺复兴时期的巨匠们一样，保罗·格雷厄姆的经历也很特别。他先是取得了哲学学士学位，然后又取得了计算机科学专业的硕士和博士学位，还曾在美国的设计学院进修，后来又到佛罗伦萨的美术学校学习绘画。

格雷厄姆还是一位随笔作家，他的著作《黑客与画家》（Hackers and Painters）一书妙趣横生，精彩纷呈。书中描述了**工程师运用技术构筑应用程序和系统的过程，与画家完成一幅画的思维方式和创作过程有哪些共同之处**，这一部分尤为精彩。他指出，软件开发与绘画基本上是同一类型的行为。

下面我们来看看艺术要素与技术实操之间有哪些共同点，艺术的视角和思维方式又是如何发挥作用的。

工程师与画家：工程师和画家都是创造者，都会在制作过程中发现并掌握新的技术。换言之，他们总是在实践中获得新认知。

第 2 章
艺术的作用及意义

素描与程序开发：素描是绘画的基础，需要反复观察所绘对象的整体和局部，发现原本计划中的错误并加以修正。如果我们用 X 光观察画作的话，会发现很多画作中的人物手脚的位置都有被改动过的痕迹。这对编程有非常重要的参考价值，因为世界上也不存在什么完美的代码规约[①]。我们要承认并牢记这个事实，即使在编程的过程中规约变了，也要尽量使用大家能够接受的写法。

观察的重要性：画家总是试图创造全新的价值观。对他们来说，美术馆是表现技法的宝库，走访美术馆、鉴赏昔日伟大画家的作品是必不可少的功课。同样，程序员也可以通过阅读大量漂亮的代码来提高技术。

狂热的追求：若想打造一款出色的软件，设计师需要对美感抱有狂热的追求。在一款出色的软件内部，即

---

① 代码规约是用于保证代码风格一致性的编程规范。在软件的整个生命周期中，软件的作者往往不是同一个人。遵守这种规范可以尽量使代码风格保持一致，提高代码的可读性。——译者注

便是那些无人在意的细微之处，代码都写得很漂亮。这一点与绘画大家的画作是一致的，哪怕是赏画的人不会注意到的一片叶子，他们都画得十分用心。以达·芬奇的《吉内薇拉·班琪》(*Ginevra de' Benci*) 为例，可能很多画家会把画中的树木单纯作为人像的背景填充，觉得看画的人不会注意到这些地方。然而在这些地方，达·芬奇也不遗余力地倾注了心血。

协调与调和： 绘画不仅可以告诉我们应当如何管理工作，还能在如何与别人协调合作方面给予我们启示。美术馆展出文艺复兴时期的伟大作品时，往往只会标注一位艺术家的名字，但事实上，一件作品的背后通常有很多创作者。换句话说，一件作品通常由项目负责人完成核心部分，然后将其他部分分配给不同的画家。不会有两个人一起画同一处的情况，也不会有人去给其他人画的部分添上一笔。这种工作形式对软件开发项目有很大的参考价值。画是给人看的，软件是给人用的。若真

第 2 章
艺术的作用及意义

心想要把工作做得出色，拥有共情和共鸣的能力就非常重要。

在参加我主办的面向商务人士的"艺术与逻辑"讲座的学员中，占比最多的是工程师，其次是从事科研和技术开发的工作者。大家在课后经常感慨，与保罗·格雷厄姆在他的著作中提到的一样，技术研发与绘画技巧之间的共同点真的非常多。

人工智能与艺术

在本章的最后，我想谈一谈被视为科学和技术领域最新成果的人工智能与艺术之间的关系。

现在正值第三次人工智能浪潮，我们经常看到有报道称，在今后 20 年之内，某种职业的一半岗位会被人工智能替代。比如，客服、会计、秘书、零售、收银、猎头等工作通过收集数据模式化，被人工智能替代的可能

把商业难题交给艺术

性很高。

现在正从事这些工作的人可能会有些胆战心惊。但是，无论人工智能如何发展，必然有一些领域无法被机器替代。正如我在第 1 章中提到的，埃森哲和 IBM 等知名公司都有自己的广告公司或设计部门。公司开始内置策划部门是一个具有标志性意义的事件。

另外，正如前文提到的那家加利福尼亚州的互联网技术公司运用艺术与科学的力量来推动商业发展，人类应该负责的工作在今后会变得越来越明确。

下面我们通过两个实例来看看人工智能成为艺术表现的一种手法之后，人类应当从事的工作是什么。

| 人工智能复刻伦勃朗 |

2016 年，人工智能替 17 世纪巴洛克时期的代表画家伦勃朗完成了一幅新作。这个消息一经传出，马上引

第 2 章
艺术的作用及意义

来热议。通过深度学习技术,人工智能分析了伦勃朗现有作品的所有细微特征,然后用 3D 打印再现伦勃朗画作。这是人工智能成功模仿并完美复刻昔日伟大艺术家技艺的一个经典案例。创造出这幅"伦勃朗新作"的团队在其发表的文章中将这一壮举称为"技术与艺术的联姻"。

然而,毋庸赘言,如果没有伦勃朗,人工智能创制新作的壮举就无从谈起。**也就是说,这幅作品并非真正意义上的新作,不过是人工智能制作的一个复刻品。**

即使科学技术再发达,也很难完成艺术原本的使命。科技不可能掀起由印象派画家主导的表现技法革命,也不可能像毕加索和达利等画家那样颠覆旧有价值观、创造出新的价值。

不过,在重新排列组合已有的表现手法方面,人工智能应该有很大的发挥空间。比如前文提到的这种人工智能技术有可能被用于甄别真品与复刻品,也许会为艺

把商业难题交给艺术

术领域做出不小的贡献。

居伊·里柏（Guy Ribes）是世界上最知名的艺术品复刻师之一。从 1984 年开始,一直到 2005 年他被法国警方逮捕,这二十多年里,他一直在仿造毕加索、夏加尔、达利、马蒂斯等大师的作品,骗取了大量钱财。如果让人工智能担任美术鉴定师的话,或许可以识破那些看似精妙的复刻品。

| 素描机器人 |

法国艺术家帕特里克·特雷塞特（Patrick Tresset）将人工智能当作一种创作手段,对他来说,人工智能和画笔、颜料一样,都是用来创造作品的工具。他开发了一款素描机器人,然后将机器人绘制的作品与绘制过程合在一起,作为作品呈现。

素描机器人作画的样子十分诡异。在作画的现场,模特坐在椅子上,周围围着多个带有摄像头的机械臂,

第 2 章
艺术的作用及意义

这些由人工智能控制的机械臂发出机械的声音，用铅笔画着素描。经过漫长的几十分钟，一幅素描完成了。因为是机器人画的，所有的素描几乎全都一样，毫无个性可言。而且，这些素描的水平也实在让人不敢恭维。

或许，特雷塞特是想通过这些作品向我们展示人类的创造力有多强、人类特有的个性有多伟大。**他可能想告诉我们，那些只有人类能完成的工作才是艺术。**特雷塞特通过他发明的素描机器人以及让机器人作画一事，向世人展示了人工智能的局限性。

如上所述，科学与艺术、技术与艺术等看似毫无关联的领域之间其实存在着深刻的联系。那么，艺术与设计之间又有怎样的关系呢？在下一章中，我们将一起思考这个问题。

第 3 章
艺术·设计·创造

艺术通过感性提出问题、创造价值，而设计通过感性解决问题。如同艺术和科学、技术之间的关系一般，艺术和设计之间也存在密切的关系。本章将首先剖析艺术与设计的区别，然后分别阐述两者的功能，最后深入探讨艺术和设计对商业创新的意义。

第 3 章
艺术·设计·创造

艺术与设计的区别在哪里

创造 vs 方法

凡是与我初相识的人，无论对方是艺术的行家里手还是业余爱好者，我都会问他一个问题："你认为艺术和设计的区别是什么？"大家的回答五花八门，总结下来大致有以下这几种：

"艺术难懂，设计好懂。"

"艺术赚不到钱，设计能赚钱。不过，有时艺术能大赚一笔。"

"艺术是阳春白雪，设计是下里巴人。"

"设计面向市场，而艺术不是。"

"设计源于生活，艺术源于人生。"

把商业难题
交给艺术

这些说法都没有错。我提的问题不是一道数学题，原本就没有标准答案。不过，艺术和设计之间存在明确的差异。艺术是作为创作者的艺术家展示内心想法的手段，是一种创造性的表现行为，而设计是帮助客户解决问题的一种方法。大多数设计都有报酬，而艺术未必。

设计有既定的命题

一项设计必然有其面向的客户，并且有可以满足客户需求的功能。

我们来看一个具体的例子。假设有一家名为"山本堂"的食品制造商，他们的商标是纯汉字，为了拓展全球业务，现在他们需要一个英文商标。英文商标的需求就是这项设计的出发点。

这家公司要求设计师设计一个包含"YAMAMOTO DO"字样的英文商标，设计师接到项目之后，按照客户

第 3 章
艺术・设计・创造

的要求反复采访和取材，着手商标制作的准备工作。这项设计的要求是将"YAMAMOTO DO"打造成一个可以在全球范围内被广泛接受的英文商标，所以，如果设计师按照自己的喜好提供"山本堂"这种汉字排列的设计样式，就达不到客户对这项设计的要求。

正如此例，设计都是有既定命题的，然后通过（视觉）表现手法来解决这个既定的命题。

艺术是自我表现

与设计不同，艺术作品并不是艺术家遵循某人的命令完成的，而是自主自发的创作。 艺术没有既定的命题，艺术家随心所欲，想表现什么就创造什么，自然也不存在什么市场需求或者事先调查。

我在第 1 章中提到的平面设计师龟仓雄策生前曾这样描述设计与艺术的区别："艺术家的工作是将内心所有

把商业难题
交给艺术

的想法和感情倾吐出来,而设计师仅需满足客户的需求。所以,设计师在设计中哪怕融入了1%的自我,都是一种失职的表现。"

也就是说,艺术家所做的是彻头彻尾的自我展现,而设计师所做的是满足客户需求。设计师总是以客户需求为准则,就像程序员运用编程语言编写程序、为客户搭建系统一样。

艺术家和设计师采用的(视觉)表现手法是相同的,但是他们的目的却大相径庭。

什么是创造力

近年来,"有创造性"和"创造力"之类的说法被越来越频繁地提及。艺术和设计都属于"创造"这一大领域。如前面所说,设计对外表现为解决问题,艺术对外表现为展现自我,虽然外在呈现形式不同,但无疑都是创造。

第 3 章
艺术·设计·创造

创造也不局限于视觉形式的呈现，音乐、文字等都是创造的表现形式。

从事创作工作的人包括艺术家、设计师、艺术总监、方案策划、创意总监等，虽然他们并不会被称为"创造者"，但他们的工作难道不具有创造性吗？

很多人常说"我一点儿艺术细胞都没有""我擅长逻辑思维，但创造性思维完全不行"之类的话，但事实真的如此吗？

实际上，我们在每天的生活中都充分发挥着自己的创造力。

以做咖喱为例。一开始，我们会严格遵照网上的食谱或买来的咖喱调料包上的做法来做。

通常的做法如下：先把洋葱切成丝，炒至变色；把肉过一遍油，然后和洋葱一起放到锅里煮；接下来把胡萝

067

把商业难题交给艺术

卜焯一下，也加到锅里一起煮；最后按食谱上指示的量加水，把咖喱块加到锅里煮就可以了。

但是，在做过几次之后，你是不是就开始根据自己的喜好微调？比如把猪肉换成鸡肉，或在咖喱块之外再加一些别的调味料，比如加点蛋黄酱之类的。经过多次重复和试错，有些人可能就开发出自己的私房咖喱了。

上述情况不局限于做咖喱，工作也是如此。最初，我们会严格地按照工作流程的要求做，但随着经验的不断积累，收集到各种各样的有用信息，我们会开始将工作流程个性化，不再循规蹈矩。

我相信每个人都有这样的经历，而这就是创造。

所谓创造，就是根据自己掌握的信息对现有事物进行调整，或者与其他事物组合，从而得到新的东西。如果这样理解创造，所有人都可以被称作创造者。

第 3 章
艺术・设计・创造

设计的思维过程

重构现有的创意和前人的智慧

上一节中我们讨论了艺术与设计的区别,那么,这二者的思维过程分别是怎样的呢?

为了解答这个问题,接下来,我们一起来看看艺术家和设计师各自的思维过程。

设计师在创造一种表现形式时,会先从大脑中调取现有的创意和前人的智慧,然后将这些与新获得的知识和信息组合起来再创作。

比如,路易・威登经典花纹的创作灵感就来自日本的家纹。当时市面上雷同的东西很多,为了防伪,花纹需要符合既难以仿造又可以量产的要求,于是他们想到了日本的家纹。1896 年,路易・威登的经典花纹由此诞

把商业难题
交给艺术

生。再比如，1964年东京奥运会的宣传海报中画有一轮红日，这是当时负责整体制作工作的创意总监从丰臣秀吉的红坎肩中得来的灵感，旨在突出奥运会是在日本召开的。

设计的各种门类

我们每天都能在日常生活中接触到各种各样的设计，比如交通标志、电车、大巴、智能手机，等等。也许我们平时注意不到，但设计早已渗透到我们的生活之中。

在这里，我想向大家介绍一下设计的门类（一部分）。不知道大家是否会发现，这些门类都是为了解决某种问题而存在的。

- **平面设计**（graphic design）：主要包括海报等平面媒介的设计。
- **产品设计**（product design）：汽车、家电等工

第 3 章
艺术·设计·创造

业制品的设计。

- **交互设计**（interactive design）：指网站设计。
- **服装设计**（fashion design）：这可能是大家最熟悉的主流设计门类了。
- **空间设计**（space design）：内部装饰及空间内部的设计。

相信大家对上面这些设计门类都有所耳闻，它们的主要内容应该和大家想象中的差不多。

近年来经常被提到的设计类别还有社区设计和区域设计。这一类设计并不产出具体的物品和产品（成果），而是设计人与人之间的联系方式及结构，街区和地区的振兴规划等都属于这一类。

英文 design 一词源于拉丁语 designate（有"计划、设计"之意），所以，社区设计中的"设计"其实更接近这个词原本的意思。

把商业难题
交给艺术

艺术的思维过程

发端于印象派

在这里我想再次强调艺术和设计的区别：设计有一个必须解决的问题，而艺术没有这样的既定命题，艺术家只需要将自己想表现的东西呈现出来。换言之，艺术是艺术家将自己的想法、想表达的东西和想提出的问题通过各种各样的媒介（绘画领域中称之为"支持体"）表现出来。

下面我们以印象派为例进行具体分析。

截至封建主义在欧洲终结的 19 世纪中叶，大多数欧洲画师都是王室和贵族的门客。换句话说，他们不是艺术家，而是画师。随着法国大革命的爆发，贵族社会崩塌，画师们没了主人，无奈地失业了。失去工作的画师

第 3 章
艺术·设计·创造

们开始按照自己的想法,把自己的感受用画作表现出来。这就是印象派的开端。于是,用作品表现自己的现代艺术开始出现。

虽然现在印象派拥趸众多,然而在其诞生之初,"印象派"一词却遭到成名画家和评论家的鄙夷嘲讽,意为"粗糙随意、不入流"。印象派出现之前,绘画最重要的技巧是写实,因为当时的画作还肩负着照片的功能,将所见之物如实地描绘出来是彼时绘画的任务和作用。然而,印象派画家却开始用画作自由地表现自己的感受。事实上,他们也是最早开始尝试抽象画的画家。因此,当时的保守派给"粗糙随意、不入流"的年轻画家们扣上了"不能如实描绘对象"的帽子。

"粗糙随意、不入流"的印象派因为一开始风评不佳,在全世界范围内都只能作为地下艺术存在。不过,数年之后,他们开始受到新兴中产阶级的好评,在当时属于新兴国家的美国有很多喜欢印象派画作的人,还有

**把商业难题
交给艺术**

人出资收购印象派画作,这种行为有点像现在的风险投资人对当代艺术品的投资。

印象派画家的崛起还得益于技术的革新。皮埃尔 – 奥古斯特·雷诺阿(Pierre-August Renoir)、阿尔弗莱德·西斯莱(Alfred Sisley)、莫奈等印象派画家的作品以风景画居多,这是因为工业革命带来了技术革新,管装颜料的出现让颜料变得便携。

进入 20 世纪之后,艺术家的画作不再只用画布来承载,而开始出现在各种媒介上。正如印象派画家得益于技术革新一样,20 世纪之后的技术革新再次拓宽了艺术家的表现空间。

艺术的各种门类

与设计一样,艺术也有各种各样的门类,却不存在设计需要解决的课题。艺术家每天都在探索、开发新的表现

第 3 章
艺术·设计·创造

手法，所以我们无法像设计那样对艺术进行明确的分类。

- **纯艺术**（fine art）：以艺术价值为核心的纯粹的艺术表现形式，主要指场景画（tableau）。漫画、插画等娱乐性质的绘画通常不属于纯艺术。
- **装置艺术**（installation art）：将空间和室外作为表现场所的艺术表现形式。
- **团体计划艺术**（project art）：由多名艺术家合作完成的一项创作。
- **街头艺术**（street art）：展示在街道的墙壁上，主要使用刷子和喷漆创作的作品。
- **传媒艺术**（media art）：以日益发展的传媒技术为表现手法的艺术形式。

近年来，光雕投影（projection mapping）① 获得的关注度很高，这种在建筑物上或空间中进行投影的艺

---

① 指用软件将影像投影到物体表面的技术。——编者注

075

把商业难题
交给艺术

形式是传媒艺术的一种。在这里,我想详细介绍一下传媒艺术。近几年,传媒艺术大大拓展了艺术的可能性。

现在的美术作品大多是在画布上完成的,但是,在没有画布的古代,古人会在岩石、墙壁或地面上作画,经过漫长的历史,才形成了在画布上作画的方式。传媒艺术以 IT 设备为画笔,再次实现了画布的更新换代。就像画家以画笔为工具来创作一样,对传媒艺术家而言,电脑屏幕就是他们的画布,键盘和计算机语言就是他们的画笔。科技的进步催生出五花八门的表现形式,新的艺术门类也层出不穷。

与设计一样,艺术也有各种各样的门类和风格,但艺术与设计最大的区别,在于艺术是艺术家自我意志的呈现。艺术没有设计那样事先设定的目标、需要解决的问题以及解决问题的过程,所以有时会先出现某种由艺术家创造出来的划时代的表现形式,然后再出现相应的类别概念。

从无到有的思维方法

设计思维是挥洒魔法的魔杖

近年来,大家对设计思维这一说法可能都有所耳闻。接下来,我想和大家一起深入探讨一下设计思维。

所谓设计思维,简单来说,就是与其他人分享自己的想法,并将这一想法应用到其他创造性活动中的思维。换言之,就是将设计师的想法和思维方式扩展到商业创新之中。下面我们以"日本应该如何提高外国游客的满意度"这一课题为例,一起来看看应用设计思维的具体过程。

| 共情(Empathize)——感受他人的心情 |

首先,项目团队的小组成员用语言互相交流感受,深化彼此之间的理解。

具体来说，项目团队的小组成员需要理解彼此对旅游的看法。有一部分小组成员可能非常喜欢旅游，而另一部分对旅游完全不感兴趣。因此，每一个小组成员用语言描述自己对旅游的看法并与其他成员交流是十分重要的。

| 定义（Define）——发现商机 |

实地观察用户行为，通过采访收集样本信息。

比如，两人一组到游客密集的东京站出站口附近，询问游客："有没有什么东西让你觉得有了它会更方便？有什么不满意的地方吗？"这一类问题可以帮助小组成员了解游客的需求。采访时还要注意认真观察游客的穿着打扮、游客大多会携带的东西等。

| 方案（Ideate）——提出并整合想法 |

根据实地收集的样本信息，与小组成员一起头脑风暴，提出一个完整的计划。

第 3 章
艺术·设计·创造

在这一步中，项目团队中的每个小组成员都需根据自己收集到的信息分别进行头脑风暴。假设经过讨论，有一个小组成员发现几乎所有游客都带了智能手机，且大多数游客觉得东京的轨道交通繁杂难懂，那么这个小组很可能会决定制作一个智能手机专用的、面向外国游客的东京线路网站，并将这个网站命名为"Tokyo Smart Station"。

| 雏形（Prototype）——尝试创作 |

根据上述方案，制作产品雏形。

该方案的产品雏形可以是一个网站，也可以是实体模型。比如借助网页浏览器或网页编辑器制作"Tokyo Smart Station"的测试网站，网站的界面语言可以先只使用英语。因为测试网站无法大范围公开，所以小组成员可以先在东京站站内准备一些"Tokyo Smart Station"的宣传单，以便获得用户反馈。

把商业难题
交给艺术

| 试验（Test）——验收成果 |

让用户体验产品，然后验收成果。

发放宣传单一个月之后，网站的访问数达到了最初预想的 1.5 倍。虽说只是测试网站，但效果还不错。网站上问卷调查的结果显示，许多游客希望网站上也提供京都和大阪的轨道交通信息。接下来，项目团队在讨论正式网站的服务时，提供关西地区轨道交通的信息就成了新的课题。

上面就是应用设计思维的具体步骤。大家觉得如何？

实际体验了这种设计思维之后，我主要有以下三点感受。

| 若不能付诸语言，就无法开始 |

设计思维的一大特征是共情，即体谅别人的情绪，通过语言沟通，取得互相理解。为什么会这样呢？我认

第 3 章
艺术·设计·创造

为，这可能是因为设计思维发源于美国这样一个多民族国家。美国人的种族和背景十分复杂，而英语是他们唯一通用的交流工具。**只有将个人感受说出来，从中找到认识的共同点，才能实现人们相互理解的长远目标。**

在这一点上，日本做得怎么样呢？日本社会侧重非语言的交流，比如具有代表性的"察颜观色""看懂字里行间的意思""无声的默契"等规则。

一位曾就读于日本国立大学研究生院、日语非常流利的中国台湾女性，给我讲过这样一件事。她以前在一家日本制造公司工作，后来跳槽到一家广告代理公司。广告代理公司的上司一直要求她要学会"察颜观色"。对此她曾抱怨说："我完全不行啊。谈生意时必须把握无形的整体氛围，这实在是太困难了。"我一直以为同样地处亚洲且一衣带水的中国台湾肯定和日本一样讲究"察颜观色"，听她这么一说，我才意识到这是日本特有的文化，对此我感到非常意外。

把商业难题
交给艺术

一位长年活跃于美国的平面设计师曾告诉我，在设计水平居于世界领先地位的美国盛行一种观点，那就是**"不能文字化的东西是无法具体呈现出来的"**。这也让我大吃一惊。之前我一直以为设计就是将所谓氛围和感觉以具体的形式表现出来。我曾与数十名设计师合作，而让我最为头疼的，就是不知道怎样才能用语言把自己的意思传达给那些靠感觉和感性生活的设计师，让他们理解我的意图。

日本人在日常生活中十分依赖非语言的交流，所以可能对以共情为基础的设计思维感到有些陌生。事实上，抛开"察颜观色"，根据明确的事实来推进工作是一种非常有效的解决问题的方法。

| 认真观察非常重要 |

在设计思维的"定义——发现商机"这一过程中我提到过，认真观察非常重要。下面我给大家介绍一个通过

第 3 章
艺术·设计·创造

认真观察看清问题本质、然后解决问题的实例。

美国某机场引进了一种新型的掌上检票设备，但乘客的登机时间却比以前更久，等待的时间也更长了。也就是说，原本为了提高效率而引进的设备反而降低了效率。最初，机场认为是设备的设计有问题，但经过详细的调查和分析，机场没有发现任何问题。于是，机场决定向某家公司咨询。

接受咨询的这家公司派人直接来到机场，认真地观察了几天之后，找出了两个主要的原因。第一个原因居然是机场工作人员的制服不舒适。原来，在更新检票设备的同时，机场工作人员的制服也换成了新款，而新制服让工作人员行动不便，为乘客检票的工作花费了比以前更久的时间。第二个原因是，该检票设备安装的位置不够方便。于是，机场工作人员每天都要面对双重的困难，他们要穿着让自己行动不便的制服，去非常不方便的位置拿检票设备，这就是耽误乘客登机的原因。通过

把商业难题交给艺术

更换制服,将设备重新安装到便于拿取的地方,机场顺利地解决了这个问题,新的检票设备也终于发挥作用,大幅缩减了乘客的登机时间。

相信通过这一实例,大家都能体会到认真观察的重要性了。而发现问题并为机场解决了问题的公司正是一家设计公司。

曾有一位积极倡导设计思维的朋友对我说,日本人非常不擅长"认真观察"。这可能是因为日本人平时习惯于"察颜观色""领会字里行间的意思",所以很难客观地看待事物,进而无法冷静沉着地把握事实。

想练好画画,如实地描绘事物,关键不在于把精神集中到眼前的画纸上,而在于认真观察要画的对象。**换言之,输入决定输出**。关于这一点,我会在后文中详细说明。

想要找出现存的问题,重要的不是在无形的字里行

第 3 章
艺术·设计·创造

间挖掘,而是客观地看待事实。这就是设计思维的方法论。

| 经验对解决问题非常重要 |

我还知道一个用设计思维让现有产品脱胎换骨的实例,这个例子也非常引人深思。

读者朋友中有人做过核磁共振吧。在我动笔创作本书的几个月前,我有生以来第二次做了核磁共振。说实话,这绝不是什么愉快的经历。虽然我没有幽闭恐惧症,可是在那个闭塞的圆筒里待上 15 分钟,耳边轰响着机器运转的声音,实在是非常可怕的经历。作为成年人的我尚且如此,对孩子来说,那恐怕是会留下心理阴影的恐怖回忆。事实上,很多孩子都对做核磁共振感到恐惧,做的时候不得不注射镇静剂。

有人曾按照设计思维研究如何消除这种恐惧。在他们的实验中,核磁共振仪不再是用于医学检查的机器,

085

而是用来探索未知的游乐设施。他们给核磁共振仪重新整体喷漆,将它装扮得像迪士尼的海盗船一样。核磁共振仪被装扮成海盗船,画上巨大的舵轮,让人感觉像是要坐着海盗船去大海上冒险一样。这样一来,参与实验的孩子不再感到不安,反而变得兴奋起来。据说,在这场海上冒险之旅结束时,实验室的另一侧还准备了海盗的宝箱,为参与实验的"冒险者"营造"带着财富归来"的完整体验。

结果,接受核磁共振检查前需要打镇静剂的孩子大幅减少,而一天之内可以完成核磁共振检查的患者增多了。这为患者、核磁共振仪制造商和医院都带来了极大的便利,绝对是一个一举三得的好办法。

设计思维带来改善、提高成效的例子还有很多。不过,依据设计思维提出方案必须有一个大前提,就是有现有的业务或产品。也就是说,需要从眼前的问题开始。**设计思维是解决问题的工具。**

第 3 章
艺术·设计·创造

如今，设计思维已然成为一种公认的能带来创新、催生新商机的工具。作为一种能把"1"变成"2"、把"2"变成"3"的工具，设计思维非常好用。但如果说它是一种从无到有的创造性思维，则不尽然。

请大家回想一下本章介绍过的设计实例。路易·威登的经典花纹是从日本的家纹中得到灵感，1964 年东京奥运会宣传海报上的红色取自丰臣秀吉的红坎肩。所谓设计，总是从一个待解决的问题出发，以解决这一问题为目标。为了达成设计目的，设计者要从过去的案例和自己的知识储备中找出解决问题的线索并进行整合。

艺术就是无中生有

那些让世界为之震惊的划时代的产品和服务，有多少是经过大量采访和缜密的市场调查后设计出来的呢？

恐怕完全没有吧。

把商业难题交给艺术

以个人电脑为例。在只有大型通用计算机（主机）的时代，如果用问卷调查的形式问大家："你觉得需要个人使用的计算机吗？"就像是现在问你："你想要个人所有的太空飞船吗？"或是："你愿意付多少钱去购买一艘太空飞船？"

iPhone 刚刚问世的时候就是这样。时任微软 CEO 的史蒂夫·鲍尔默（Steve Ballmer）曾对记者断言："乔布斯犯了一个大错。谁会买一部没有键盘、尺寸又大且价格高达 500 美元的手机？"众所周知，结果与鲍尔默的断言截然相反，iPhone 大卖特卖，并从此开辟了智能手机这一全新的领域。

从解决问题的角度来看，iPhone 算不上一款很好的产品。它价格高昂、尺寸过大，而且没有键盘，加上当时只有全键盘的黑莓手机在商务领域应用很广，因此从实际情况来看，鲍尔默的断言非常符合当时人们的常识。

第 3 章
艺术・设计・创造

没错，iPhone 并没有解决手机在当时面临的问题，而是创造了新的价值。

回顾我在第 1 章中提到的实例，经过了几十年的努力，乔布斯将自己在 1984 年时描绘的苹果电脑（Mac）推向了市场。这种实现梦想的行为就是艺术。

正如我在前文反复强调的，**艺术是作为创造者的艺术家把内心想法呈现出来的结果，或是这种呈现行为本身**。正因如此，艺术才能完成从无到有的创造。

市场需要可以无中生有的人才

创意阶层的出现

不知道大家有没有听过"创意阶层"这个说法？这是多伦多大学教授理查德·佛罗里达（Richard Florida）

在其著作《创意阶层的崛起》(The Rise of the Creative Class)中提出的概念。简单来说,创意阶层就是从事创造意义非凡的新形态工作的人。

创意阶层可以大致分为两大圈层:超级创意核心和专业创意人。超级创意核心负责创造出应用范围广泛的新形式和价值,这些新形式和新价值可以应用到实践中,服务于社会。超级创意核心包括科学家、技术人员、诗人、小说家、艺术家、建筑师、艺人等。在超级创意核心的周围是专业创意人,比如从事高科技、法律、医疗、企业管理等知识密集型产业的人。

创意阶层会根据自己的思考和判断发现并解决问题。因此,**创意阶层需要具备发挥独创性、创造新价值的能力。**

很多人可能会认为只有很有限的一小部分人属于创意阶层,但其实这一阶层正在日益壮大。在美国,由技

第 3 章
艺术·设计·创造

术人员、专业人士、管理者构成的创意阶层在 1946 年时占美国劳动人口的 15%，而 20 世纪 80 年代时增长到 20%，2000 年之后达到 35%，相当于美国劳动人口的 1/3。

艺术人才与设计人才

下面，我要向大家介绍一则有关创意阶层的趣事。

日本唯一一所国立艺术大学——东京艺术大学的美术系有 7 个专业：油画系、设计系、雕刻系、工艺美术系、建筑系、艺术学系和先锋艺术表现系。

通常来说，未来想成为画家的人（艺术人才）会选择进入油画系，而未来想成为设计师的人（设计人才）会选择进入设计系。但是，也有些人原本怀揣着画家梦进入油画系，但渐渐发现自己并没有这方面的天赋。

这是怎么回事呢？因为与其他同学相比，他们想要把埋于内心深处的想法表现出来的欲望很弱，或发现自己压根儿没有这种表达欲。这样的学生在油画系自然要吃很多苦头，学生时代不会愉快。所以，他们往往会决定做自己擅长的事。比如毕业之后选择就业时，他们大多承认自己并非艺术人才，转而选择以设计为职业（顺附一言，东京艺术大学中就业率最低的是油画系，而就业率最高的是设计系）。为了就业，有些人会在完成大学本科课程之余去教授插画或动画的专门学校学习。他们最终就业的公司是设计系学生大都会选择的广告公司、制片公司或企业的创意部门等。

有意思的是，毕业于油画系的设计人才往往年纪轻轻便斩获设计或广告界的大奖。这可能是因为他们入学之初原本以成为艺术家为目标，但意识到自己并不适合之后，就会站在客观的立场上从事创作。像他们这样原本追求艺术、以成为艺术家为目标，但发现自己没有足够艺术天赋的人，在需要面对客户、按客户的要求解决

第 3 章
艺术·设计·创造

问题的工作中反而可以发展得更好。

如今大家都在反复强调创新的重要性，而设计人才擅长做从"1"到"2"，从"2"到"3""4""5"的工作，或尽可能地让工作保持在"10"的最高水准，他们这种解决现有问题的能力也同样重要。没有这种能力，社会就无法保持安全、稳定的状态。但是，我们所处的环境每天都在变化。我们也需要能够无中生有的人才成为肩负未来的下一代中的领军人物。

第 4 章
艺术的基础是逻辑

艺术不仅仅依靠感性和灵感存在，但人们通常只能认识到其感性和灵感的一面。在本章中，通过冈本太郎与凡·高这两位艺术大师的实例，大家可以看到他们在创作中并不只发挥感性和灵感，他们创作的艺术作品背后都有坚实的逻辑。

第 4 章
艺术的基础是逻辑

在绘画中融合了逻辑与感性的两位大师

冈本太郎拥有让艺术爆炸的逻辑能力

著名建筑大师冈本太郎的名言"艺术就是爆炸"被视为对感性和灵感的一种比喻。**但是,想要"爆炸",就要有引起爆炸的机制,需要火药,还需要引燃火药的装置和点火器。**

对冈本太郎来说,能够引起"爆炸"的是哲学。冈本太郎从东京美术学院(现东京艺术大学)退学后,前往巴黎留学。但他当时并没有马上去巴黎的美术学院,而是选择先在巴黎大学哲学系学习。他认为,如果不理解一个国家的哲学,就学不好这个国家的艺术。如果他是一

把商业难题交给艺术

个仅凭感性和灵感从事艺术活动的人，又怎么会自发地去学习他国的哲学呢？冈本太郎留下了很多著作，每一本都充满理性的光辉。当然，他拥有感性和艺术感受力的事实同样毋庸置疑。

家父曾是一位油画家，生前曾与冈本太郎有过交流。据我父亲说，冈本太郎很喜欢滑雪。他们一起去滑雪的时候，冈本太郎每次摔倒时都会说一句话："我没摔啊，是地球摔在我身上了！"真是非常幽默。

后来，父亲反复跟我讲起这件趣事，他说："冈本太郎无论什么时候都是那个冈本太郎。"冈本太郎兼具幽默感与感性，但大多数人只看到了他身上极端感性的一面。

说起来，家父是在美术类院校读书时与冈本太郎结识的。当时他是校园开放日活动的执行委员，想请冈本太郎来做演讲，没有事先预约就直接去拜访了冈本的工作室（当时对个人信息的保护不像现在这么完善，电话簿

第 4 章
艺术的基础是逻辑

上就能查到冈本工作室的地址）。按响门铃之后，冈本太郎拿着画笔出来了。家父自称是就读于美术类院校的学生，然后就被请进了工作室。冈本当场就接受了演讲的邀请，为此还取消了原本已经安排好的工作。

后来，家父问冈本为什么会为了这个演讲而特意取消原本的计划，冈本是这样回答的："给未来的画家们做演讲比什么都重要。我没有比这件事更重要的工作了。难道不是吗？"

不愧是冈本太郎。除了感性和逻辑，他还有充沛的热情。

| 爆炸之前有初稿 |

冈本太郎的画看似用蘸满了灵感与热情的画笔在空白画布上自由挥洒的结果，但事实并非如此。冈本太郎会先把构思中的画按照比例缩小，画一幅详细的初稿。正式在画布上作画时，他会将初稿放在手边，按照比例

放大。也就是说,他并不是全凭感觉和灵感在空白的画布上作画的。

冈本太郎曾说:"一切始于冲动。但在冲动之后,会有计划增加。"他的话告诉我们,灵感和点子绝非简单的灵光乍现。

火焰画家凡·高的画宛如计算机绘图

相比于印象派的其他画家,凡·高在日本尤其受欢迎。凡·高因其看似冲动的笔触,也被称作"火焰画家"。这一称号源自他极具特色的画风和辨识度超高的色彩,当然这也与他跌宕起伏的一生分不开。

凡·高的画能让人感受到直击灵魂的冲击力,但和冈本太郎一样,凡·高在作画的时候其实也是非常理性、非常冷静的。

在我主办的讲座中,有一位讲师长年在东京艺术大

第 4 章
艺术的基础是逻辑

学的油画技法材料研究室从事油画技巧和颜料的研究工作。他说："凡·高的画并不是信笔画出的。相反，与他同时代的画家相比，凡·高的画逻辑性更强。"他指出，凡·高的画作有如下几点特征。

| 在混色上花时间、下功夫 |

混色是指将各种颜色混合在一起，调配出画家想要的颜色。画家会根据一种被称为色环的色彩逻辑来调制颜色。

简单来说，颜料的三原色是蓝、红、黄，按不同比例混合这三种颜色，可以得到各种各样的色彩。比如按 1∶1 的比例混合蓝色和黄色，可以得到绿色；按 1∶1 的比例混合蓝色和红色，可以得到紫色。

现代画家就是根据这样的色彩逻辑配制颜料、调制色彩，然后进行绘画创作的。

把商业难题
交给艺术

凡·高的作品，如《向日葵》（*Sunflowers*）、《夜间咖啡馆》（*The Night Cafe*）等代表作，使用黄色较多。

仔细观察他的画，我们会发现，虽然都是黄色，但有的带点咖啡色，有的带点绿色，通过这样微妙的色调变化，呈现出各种各样的黄色。

凡·高根据印在脑海中的色相环逻辑，在动笔画画之前，用心地调制出以黄色为主的多种颜色，创造出独一无二的色彩。

| 铺色作画 |

也许因为凡·高被称为"火焰画家"，所以总给人一种他是跟随自己的感觉随心所欲作画的印象。但凡·高在作画时，其实是把精心调制出来的颜色一样一样铺到画布上的。

第 4 章
艺术的基础是逻辑

图 4-2 是凡·高创作于 1890 年的《麦田上的鸦群》(Wheat Field with Crows)。作品整体由很短的线条构成，但绝不是信手乱画。短短的线条聚合成充满张力的漩涡，这正是凡·高的功力所在。

图 4-2 《麦田上的鸦群》

| 遵循 PDCA 循环进行创作 |

相信从上面两点大家可以看出，凡·高在作画的时候绝不是随性而为，而是极其冷静的。其实，凡·高作画的过程严格地遵循如下的 PDCA 循环。

把商业难题
交给艺术

- **PLAN** ▎决定主题（描绘的对象）。凡·高一生都不曾画过虚构的事物。他以现实中存在的静物和风景为主题，制订明确的计划，根据自己想要的样子决定构图和主色调。

- **DO** ▎凡·高在作画之前会细致用心地准备多种颜色，做好缜密的事前准备之后，再在画布上铺陈颜色。

- **CHECK** ▎凡·高画作的特征是颜色的厚涂和叠加。等待油画颜料风干需要一段时间（当时的颜料大概需要一天左右才能风干），他会在颜料风干之后再次理性地观察自己的画，根据想要的样子冷静地思考如何叠加颜色。

- **ACTION** ▎再次调色，制作出多种颜色，继续创作。

| 凡·高的人生与他的作品截然相反 |

在凡·高生前唯一一个懂他的人是他的弟弟提

第 4 章
艺术的基础是逻辑

奥·凡·高（Theo van Gogh）。《亲爱的提奥》（*The Letters of Vincent van Gogh*）就是他写给弟弟的书信合集。

凡·高在书中对色彩有如下描述：

> 色彩本身就具有表现力（这种表现力不可或缺，而且我们必须好好运用）。美的东西原本就美，而且正确……背景从色彩的搭配开始，自然而然地、自发地形成，实在很美。我这样想是不是错了呢？

从这里我们也能看出，凡·高对色彩的钻研很透彻，而且能够冷静地考虑鉴赏者的感受。

还有一点值得注意的是，凡·高的画经常被制作成动画。2017年上映的电影《至爱凡·高》（*Loving Vincent*）中出现了多幅凡·高的作品。他的作品之所以经常被制作成动画，最主要的原因是其画作层次清晰、有逻辑，便于数字解析。

虽然凡·高的画有如此缜密的设计，但在他生前却几乎卖不出去，这是众所周知的事实。这不是因为他的作品不受好评，而是他自身的性格所致。

其实，当时多名画商都发现了凡·高的才华，前来找凡·高商量，打算出售他的画。但是，画商给出的价格比与他关系亲密的几位同时代画家的作品要低，于是，自尊心很强的凡·高拒绝了。

顺附一言，按照画作销售的惯例，一位画家的作品越多，其画作卖出的价钱就越高，现在依然如此。如果当时凡·高接受了画商的出价，他的画应该也会慢慢升值。然而，当时的凡·高对自己定位不清，也没有认清自己的状况与理想的差距，结果只能孤芳自赏。在这一点上，凡·高没能做到保持理性。

最后，我想跟大家分享一则趣闻。我在前文中提到的画家朋友曾接到商业广告公司的咨询："我们想拍一部

第 4 章
艺术的基础是逻辑

广告片，需要呈现凡·高气势汹汹地把颜料扔到画布上作画的镜头。关于凡·高如何运用这种充满激情的画法，希望您能给我们一些建议。"结果，这位画家告诉他们事实与他们的设想完全相反，让他们颇感困惑。

艺术是后天习得的能力吗

被东京艺术大学录取的应届考生都擅长数学

看了前文冈本太郎和凡·高的例子，相信大家已了解美学大师不是仅仅依靠感性来作画的。

我猜本书的大多数读者在高中时应该没有想过要考美术学院，恐怕同年级同学中报考美术学院的也不过寥寥数人。怎样做才能考上美术学院呢？接下来我们一起思考这个问题。

把商业难题
交给艺术

日本最难考的艺术类院校非东京艺术大学莫属。东京艺术大学美术学院每年计划招生的人数很少，一共只有 234 人，分到每个系的话，招生人数最多的油画系也只招 55 人，2018 年油画系的录取率仅为 18.7%（数据来自东京艺术大学官方网站）。这就像是一条拥挤的独木桥。

据说想要考上东京艺术大学，复读两三次也不奇怪。我认识的一位学生为了考这所大学，从小学一年级到高中三年级不断地努力学习，高考时连考了很多次才考上。这份坚持了多年的热情与毅力非常值得尊敬。可能很多人以为考上东京艺术大学的都是艺术天赋卓越、被艺术之神偏爱的人；那些一次就考上的更是天选之人（校方没有披露应届考生录取率，据说仅在 30% 左右）。

在为数不多的被录取的应届考生身上，有一个很有趣的共同点：**他们在初高中阶段的数学成绩一直很好。**另外，东京艺术大学油画系每隔几年就会出现一位成人学生。据说，这些被录取的成人考生大多是理科出身的

第 4 章
艺术的基础是逻辑

工程师。

这些事实都告诉我们,艺术并不仅仅依靠感性,逻辑能力也为艺术奠定了基石。

素描是有逻辑的

在包括东京艺术大学在内的日本美术类院校的入学考试中都有一个必考科目:**素描**(报考不要求实际操作的艺术学专业时,部分学校不考素描)。这些事实证明,素描是美术的基本功。那么,大家知道素描究竟考验的是什么能力吗?

据几位已从东京艺术大学毕业的应届录取考生说,**画素描时最重要的是通过图形把握事物的逻辑思维能力。**但是,能认识到这一点的人非常少,备考美术学院的辅导班也没有这方面的指导。可见,这几位毕业生都是从自身经验中总结出来的。

把商业难题
交给艺术

我在下文将介绍一则实例,当中的主人公是我认识的一位怪才,他因为认识到这一点而有策略地备考,最终顺利地被东京艺术大学录取了。

| 画画基于逻辑,两年考上东京艺术大学 |

我的这位怪才朋友上大学时的专业是美术史。毕业时,他意识到自己只学了一些美术史理论,强烈认为自己还需要有所实践,所以决定报考东京艺术大学。

通常来说,想考美术类院校的人大都自幼酷爱绘画,拥有为人称道的才华,而且经过了长年的训练。然而,我的这位朋友是在大学毕业之后才正式开始学习素描的。为了缩短与别人的差距,他需要快速高效地提高自己的绘画能力。经过长时间的思考,他找到了方法,就是和前文东京艺术大学毕业生说的一样,培养通过图形把握事物的逻辑思维能力。

我的这位朋友原本就很擅长数学,他相信只要理解

第 4 章
艺术的基础是逻辑

图形的思维逻辑，反复强化理论的构筑并不断实践，就一定能通过考试。结果，他只花了短短两年时间就考上了东京艺术大学油画系。

他刚开始学习素描时也上过美术辅导班，但是辅导班老师的指导过于依赖感性，所以他放弃了辅导班，全靠自学，按照基于逻辑的方法不断练习。

类似的故事还有很多。在我主办的讲座中执教的讲师里，有一位毕业于东京艺术大学油画系的女艺术家，她的弟弟在高三之前都是理科班的，后来为了追随姐姐的脚步，决定报考东京艺术大学，转为艺术生。和前文的例子一样，他也在正式开始学习画画的两年之后顺利地考上了东京艺术大学的雕刻系（当时的招生人数为 20 人）。

在我们认定的常识中，美术学院是只有美术天才才能考上的学校。偏偏这些只学了两年画画、原本和美术毫不沾边的人却考上了，非常惊人。

这些事实证明，考上美术学院的能力是可以后天习得的，而且这种能力的基础是逻辑能力。

| 感性之花盛开在逻辑的基石上 |

东京艺术大学某一年的考题中有一篇寥寥数行的文章，考生需要把自己对文章的理解用画表现出来。这里考查的正是考生把语言逻辑进行可视化表达的能力，在用画笔展现感性之前，考生需要把握这段文章的逻辑。

还有一年的考题是实际操作，要求考生画出上野动物园里的生物。那一年，通过考试的大多数考生画的都是动物园里饲养的动物（不过当年一共也只录取了55人）。但是，有一名考生画的是躺在动物园的长椅上睡觉的中年男人。这名考生的逻辑是：人也是上野动物园里的生物。他的画展示了他的感性。

这两道考题都考察了考生的两个侧面，一是逻辑，二是艺术的直觉和感性。换句话说，这两道考题是在考

第 4 章
艺术的基础是逻辑

察考生能否以自己的逻辑能力（具体来说是理解力）展现出感性价值。

这些例子真切地说明我们需要用逻辑化的思维方式来把握对象，开动脑筋，结合直觉与感性来完成画作。从根本上说，素描就是一项融合了逻辑与感性的绘画基本功。

用足球来比喻的话，素描可能就相当于运球、颠球、传球之类的技巧。日前，电视上播出了一档关于日本国足前任教练冈田武史及日本国足前任选手拉莫斯·琉伟（Ramos Ruy）、木村和司等的节目。

据说，为日本足球发展奠定基石的第一任外籍教练马里乌斯·约翰·奥夫特（Marius Johan Ooft）[①] 最重视的就是传球训练。当时，不少日本国足队员都抱怨："为什么我们要一直练传球啊？"然而，正是因为坚持基础

---

① 1992—1993 年任日本国家男子足球队教练。——译者注

把商业难题交给艺术

训练，日本队的实力才能不断提高，最终首次问鼎亚洲杯（遗憾的是，第二年日本队止步于世界杯预选赛决赛，日本队在世界杯上的初次亮相因此推迟到了下一届）。当时，人们将日本国足的突飞猛进戏称为"奥夫特奇迹"。

由此可见，无论在体育运动还是艺术中，基本功都非常重要。

言归正传，我在这里想告诉大家，学习艺术的基本功——素描，也就是学习逻辑。**只有在掌握了素描和逻辑的基础以后，感性才能发挥出来。**

感性与逻辑就像硬币的正反两面。但是，中小学的美术课和手工课却只强调感性和感觉。

在接下来的内容里，我想聊一聊日本和欧美的美术教育，我认为，美术教育上的差异是导致艺术创新很难在日本出现的根源。

第 4 章
艺术的基础是逻辑

随心所欲地画是不合格的美术教育

大多数日本精英人士"除美术外，各科成绩全优"

请大家回想一下以前上过的写生课。对有些人来说，也许那已经是几十年前的事了。

相信大家上课的时候都准备好了学校指定的 12 色颜料、画笔、调色板、涮笔的水筒以及素描本这五件套，然后美术老师会指定画画的地点（比如学校校园内，附近的大型公园等），并要求我们在某天之前完成。我猜大家的美术老师都是这么说的："选你喜欢的颜色，跟着感觉画吧。"

于是，学生们在几乎没有老师指导的情况下，跟着感觉完成了画作。可是这些严格遵照老师指示、跟着感觉画出来的画，却要在没有明确评判标准的前提下被打分，评出孰优孰劣。

也许我说得有些夸张，但日本的美术课基本都是这样。大家不觉得这非常不合理吗？

在我的印象中，越是优秀的日本人越不擅长画画。如果你按照前文说的梳理了感性与逻辑的关系之后，再回过头来思考这种现象，就会明白优秀的人拥有的超强逻辑能力对绘画很重要，但是他们的这种能力被限制了，他们被要求仅凭感性和感觉来画画，结果陷入了困境。所以，他们认为自己不擅长美术。

事实上，在参加我的讲座的学员中，很多人都是除了美术各科全优的。在我看来，这是教育方式导致的。

欧美的美术教育非常讲究逻辑

虽然各个国家的情况不同，但欧美的美术教育大多有明确的目标和实现目标的方法论。下面我以欧洲（北欧、德国、英国）和美国为例来具体分析。

第 4 章
艺术的基础是逻辑

| 北欧有很多设计大国 |

北欧聚集了很多设计大国。丹麦有瓷器制造商皇室哥本哈根（Royal Copenhagen）、玩具制造商乐高（LEGO），芬兰有餐具制造商伊塔拉（Iittala），瑞典有家居用品零售商宜家（IKEA）、服装品牌 H&M，挪威有户外服饰品牌海丽汉森（Helly Hansen）等，这些企业的产品既时尚又精致。造访北欧各国的游客无不称赞那些充满设计感的街道，特别是非常讲究的色彩搭配。

在这些为我们带来了无数优秀设计的北欧国家，美术教育是从尚不记事的幼儿时期开始的。比如，在美术课上，他们会根据图 4-1 提到的色环中的色彩关系一次给学生发两种颜色的蜡笔。有时是相邻、适配的颜色组合，有时是对比强烈、让人印象深刻的颜色组合。他们让学生用给定的颜色画画，刻意不给学生选择的余地，不像日本的学校，老师大多会让学生用 12 种准备好的颜料自由作画。

把商业难题
交给艺术

依照色环的色彩关系尝试过一遍两两搭配之后,接下来是 3 种颜色的组合,然后渐渐增加到 4 种、5 种、6 种。这样一来,学生就能在无意中掌握颜色的搭配。也就是说,这种做法向孩子们空白的头脑中输入了优质的信息,帮助他们培养了对色彩的感觉。

由于幼儿时期接受了良好的熏陶,北欧人对色彩大都拥有敏锐的感觉,可以说,北欧产品的好品位都源自他们小时候接受的美术教育。

| 德国注重培养审美 |

德国的美术教育是从培养学生的审美开始的。老师会经常利用美术课的时间带学生们参观美术馆。**事实证明,人们在幼年时期多接触名画,可以向大脑输入优质信息。**

在反复参观美术馆的过程中,一些学生会开始想要画画。老师会让这些学生拿起画笔,指导他们画画。当

第 4 章
艺术的基础是逻辑

然,并不是所有学生都喜欢画画。从这一点来说,德国的美术教育很尊重孩子的自主性。

他们不会像日本学校的教育方式一样要求所有学生学习画画。如果有学生想画画,老师会按照一定的方法,循序渐进地予以指导,而如果是对画画不感兴趣的学生,老师会向美术学等方向引导他们。总之就是,让那些想画画的学生专心画画,让那些对画画没有兴趣的学生走学术道路。这意味着在老师的引导下,学生们可以自主地接触艺术。

| 英国强调鉴赏与实践 |

英国的美术教育是从赏画之后的交流开始的。首先,老师会让学生用语言具体地描述自己的直观感受,然后不断地让他们重复基础训练,比如只画圆形,或者在素描本上画很多页静物阴影。英国的美术老师不会像日本的老师一样让学生跟着感觉随意作画。

把商业难题交给艺术

也许是因为英国人现在仍然保留着很强的阶级意识，工薪阶层聚集的地区往往不太重视美术和音乐的教育。地区差异大也是英国美术教育的一个特点。

通常来说，英国的美术课在小学是必修，初中以后是选修。初中选择读艺术的话，学生可以选择学习绘画、陶艺、纺织品设计、影像或现代艺术等，有五花八门的艺术课可选，每门课都有相应领域的专家负责指导。

在英国，学校在义务教育阶段只着重基础知识的教育。之后，学生可以选择感兴趣的方向进一步深入学习。想进一步学习的学生会选择报考美术学院。

| 美国的实用美术教育 |

美国的美术教育比其他国家更为实用。美国的美术老师抛开感性和感觉，让学生从练习静物写生开始，按照透视法的规则画圆柱体和方形的箱子。静物的前面放一块 4～12 格的量板，量板的格子会将静物分成小块，

第 4 章
艺术的基础是逻辑

学生则按照格子的结构描画。

然而,一般的日本学校不会使用这种方法,只有那些备考美术类院校的辅导班及设有美术专业的学校才会教授这种画法。

以上是北欧国家、德国、英国以及美国的美术教育状况。这些信息是我从有海外留学经验的画家和设计师朋友那里听来的,但各国不同地区或不同州的教育方法可能存在差异。

欧美国家美术教育的共同点在于不只是依靠感性和感觉,美术教育本身也不是孤立的存在,而是与其他很多学科紧密相连的。

日本的美术教育停滞不前

为什么日本的美术教育如此感情用事呢?其中有深层的历史原因。

把商业难题交给艺术

1868年，日本开始明治维新。到了1896年，东京美术学校（现东京艺术大学美术学院）设立西洋画系（现油画系），从此，西洋画成为主流。当时的任课教师大多是受后印象派影响很大的旅欧画家，他们在教授绘画时也带有很强烈的印象派色彩，讲究自由地描绘自己的感受。这种带有明显印象派印记的教学方法如今也没有任何变化，依然如故。

但是，正如前面凡·高的例子所示，印象派的画家也好，当时东京美术学校的老师也好，应该都很清楚艺术的基础在于逻辑。然而，"跟着感觉自由地画"只保留了感性的部分，而感性离开了逻辑，就成了无源之水。

就像冈本太郎在创作时会交替使用感性和理性思考，凡·高会根据色环调制颜色一样，艺术的基础原本就是逻辑。只有将感性与逻辑融为一体，艺术原本的意义和力量才能充分展现。只将其中感性的部分用在教育上，对肩负未来重任的孩子们来说有些可惜。

第 5 章

艺术中的创新要素

近年来,"创新"一词经常在各种场合被提及。在当今这个充满不确定性的时代,我们强调创新的必要性,但却几乎没有人明确讲过究竟什么是创新、应该如何创新。本章将通过介绍艺术史和具有代表性的艺术家,让大家了解创新的要素,以帮助大家对创新有更深入的理解。

第 5 章
艺术中的创新要素

什么是创新

我们通常说的创新是指创造出一种新思路与新思维，创新思维可以让人们设计出革新性的产品。管理学家彼得·德鲁克曾说："创新源于思考和想象。也就是说，创新会带来不同的想法和新事物。"一桥大学经营管理学教授楠木建在其著作《经营品位的逻辑》中指出，创新并非单纯地"去谋求新境界"，它往往是一个"能不能想到"的问题，创新的本质在于"非连续性"。

另外，对于推广创新、让创新浸透社会的各个方面而言，"叙事"也非常重要。这里所说的叙事指的是将"创造新价值""能不能想到""非连续性"推广开来的过程。这正是艺术家每天都在做的事。艺术史就是一部创新史。

把商业难题
交给艺术

下面让我们通过一些实例,一起来看看创新究竟包括哪些要素吧。

创造出新价值的印象派

本书多次提到印象派是有原因的,印象派在美术史上是一种划时代的存在。现在,让我们再一次将目光聚焦到印象派艺术家创新的一面。

在印象派出现之前,专业画家的任务是写实地描绘对象,满足当时作为主要客户的王公贵族的需求。所以,印象派画家作为专业画家,第一次公开通过作品表现自己感受到、想到的东西,展现自我,这是表现技法的革新。换句话说,他们产生了与前人不同的想法,并用全新的方式呈现了出来。

印象派画家的成就还不止这些。他们开始自下而上地建立起以前不存在的社区。在那之前,画家想要发表

第 5 章
艺术中的创新要素

作品，只能依靠法兰西艺术院主办的沙龙（官方展览）。在当时，如果一位画家不是沙龙的成员，就无法发表作品，也无法出售画作。因为顾客都是王公贵族，所以如果一位画家不是沙龙的成员，就不具备成为专业画家（以贩卖画作为生的人）的资格。

印象派画家的所作所为与彼时美术学会的标准相去甚远，绝无可能通过沙龙的审查。所以他们形成了自己的社区，并举办了历史上最早的团体展。

现在，各行各业都存在跨企业合作的开放式创新，然而在一个多世纪以前，这些表现形式的革新者就自发地形成社区，并成功地举办了世界上第一场团体展，他们的执行力引人瞩目。

后来，他们的团体展抵达了当时作为新兴国家的美国，美国的实业家们愿意花大价钱购入他们的作品。就这样，印象派画家在美国成功地开拓了新市场。

把商业难题
交给艺术

"想出"在暗处作画的画家

塞·托姆布雷（Cy Twombly）是世界上第一个在全黑的房间中创作的画家，我们也可以说他是敢于第一个"吃螃蟹"的艺术家。对一般的画家来说，无论是画抽象画还是画具象画，作画的时候必定需要看着眼前的画布或是素描本。专业画家自不必说，即使是幼儿园的小朋友，应该也不会对这一点有什么疑问。

没有人质疑的事未必是理所当然的，能够意识到这一点并付诸实践，就是创新。

托姆布雷能想出这个点子并付诸实践，与他的经历有很大的关系。托姆布雷原本是一名工程师，曾在美国陆军负责破解和开发密码的工作。离开美国陆军后，他进入艺术学校学习，成了一位画家。托姆布雷认为，画画（创作表现）并不是简单地想怎么画就怎么画，而是像接收加密电码一样，需要接收从天而降的灵感，然后在

第 5 章
艺术中的创新要素

画布上表现出来。

因此,托姆布雷营造出一个全黑的空间,并在其中作画。不出所料,2015 年,这幅在全黑的房间里画出来的画在全球最著名的拍卖公司拍出了约合 87 亿日元的天价。这幅看上去不过是孩童涂鸦的画竟然卖出了几十亿日元,推翻了人们的常识,而意想不到的作画方式就是它的价值所在。

除了在全黑的房间中创作的作品,托姆布雷还有各种风格的作品,如画面上仅仅罗列文字的作品《维纳斯》和《阿波罗》,都是史上首次同时出现的并非"画出来"的绘画作品,颠覆了所谓"绘画表现就是画画"的常识。

艺术实现了表现形式的创新,创造出新的价值。新开发的表现形式随着时间延展而普及,然后成为工具或是主题。设计师会借用这种新开发的表现形式,来解决各种问题。

把商业难题
交给艺术

艺术让思想和表现力产生飞跃，在这样的飞跃之后，设计才会从后面追上来。比如，高尔夫球界的艺术家泰格·伍兹最初在高尔夫球界崭露头角的时候，打出的高尔夫球的飞行距离让当时的众多职业高尔夫球选手目瞪口呆。在那两三年之后，职业高尔夫球选手打出的高尔夫球的飞行距离从整体上得到大幅提升，如同设计追赶艺术。不仅高尔夫如此，马拉松、百米赛跑、体操等其他运动也是一样的。

毕加索的立体主义切断了绘画的"连续性"

毕加索是世界上最著名的画家之一，也是一位为艺术价值本身带来巨大变革的伟大艺术家。不过，大多数人可能一时说不清他的创新究竟体现在哪里。

毕加索创立的立体主义打破并重构了绘画的表现形式。 在毕加索以前，绘画都以再现对象为宗旨，风景画和人物画都是如此。

第 5 章
艺术中的创新要素

虽然印象派画家将自己的所思所感呈现在画布上，但他们的风景画依然遵守透视法规则，人物画也不曾脱离人体结构。然而，立体主义却彻底颠覆了这些至今无人质疑的绘画常识。以人脸为例，我们不可能同时看到人的正面和侧面，但是在毕加索的人物画《亚威农少女》（Les Demoiselles D'Avignon）中，人的正面和侧面会同时出现在画面里（如图 5-1 所示）。

© Avalon/amanaimages © 2018 -
Succession Pablo Picasso – BCF(JAPAN)

图 5-1 《亚威农少女》

把商业难题
交给艺术

立体主义拆解、分割并重构了之前的视觉理论。毕加索的人物画（以女性居多）有一个显著的特征，就是分不清画中的人物面朝哪里。

可以说，毕加索通过视觉样式革命，将绘画引领到一个新的次元，从根本上推翻了自文艺复兴时期形成的无人质疑的西洋美术理论。**换言之，他打断了绘画的连续性。**

我的一位画家朋友第一次看到《亚威农少女》这幅世界上最早的立体主义作品时说道："毕加索不会在这幅画后面上吊吧？这幅画看上去太绝望了。"作为画家衣食父母的画商也说："这幅作品简直太疯狂了。"

很多人在接触到以前不曾接触过的事物时，都会出现强烈的排斥反应。但是，毕加索开创立体主义之后不到五年，立体主义作为一种全新的表现手法，其影响就扩展到绘画、雕刻及工艺等诸多领域。

第 5 章
艺术中的创新要素

批量生产、批量消费的"叙事"

相信大家对"叙事"或"语境"等说法都不陌生。开展事业或打造品牌时,经常有人提倡"不要做东西,要做事情",这一说法也体现了"叙事"的重要性。

早在半个多世纪前就有人进行过"叙事"的实践,那就是以大名鼎鼎的安迪·沃霍尔为首、开创了波普艺术的艺术家们。

在那之前的艺术是艺术家自我感受的展现,极端地说,之前的艺术既不随波逐流,也不受周遭观点的影响,而是主动表现纯粹的自我。**但波普艺术正视并积极吸收当时的潮流,将时代反映到作品中**。波普艺术在 20 世纪 50 年代后半期至 60 年代最为鼎盛,当时批量生产、批量消费的生活方式和多媒体技术更为其提供了助力。

沃霍尔将批量生产、批量消费的社会直接呈现在作品之中。比如,美国任何一家超市里都能见到的汤罐头、

把商业难题交给艺术

当时最受欢迎的女星玛丽莲·梦露的肖像等物品对之前的艺术家和普通人来说只是消费品而已,不曾受到关注。沃霍尔却运用大银幕的表现手法,批量生产以这些内容为主题的作品。

在此之前的艺术作品都需要艺术家一件一件亲手完成。而沃霍尔成立工作坊,自己担任负责人,命令手下的员工按自己的要求生产作品,完全颠覆了印象派之后确立的创作方式。

沃霍尔将批量生产、批量消费的概念引入了艺术领域,为自己打造了"艺术本身也是消费品"的故事,并将之付诸实践。如他所料,在波普艺术出现之后,美术作品获得了巨大的市场,艺术的资本价值节节攀升。

沃霍尔曾说:"商业上的成功才是最棒的艺术。"这句话原文为"Being good in business is the most fascinating kind of art",十分符合他将艺术商业化的个人风格。

第 6 章
艺术思维

艺术家掀起了艺术世界的革新。他们颠覆了以往的观念,想出没有人想到过的点子,破坏艺术的连续性,给司空见惯的事物赋予"叙事"的力量。如果能将他们的思维方法运用到商业上,那么我们在商业领域也可以实现从无到有的创新。创意商品诞生的背后都有艺术的影子。本章将深入探讨我们如何才能掌握艺术家的思维方法。

第 6 章
艺术思维

突破商业局限性的思维方法

逻辑与感性的绝妙平衡会催生新的价值。这就是艺术的动力和力量。

艺术家创作作品时风格各异。有人要先明确概念而后创作，还有人先跟随直觉，然后再挖掘直觉背后的深层逻辑。既有像米开朗琪罗和安迪·沃霍尔那样的艺术家，他们成立工作坊，确立创作理念后将具体工作交给员工，把艺术创作作为一个项目来完成；也有像毕加索和凡·高那样独自完成作品的艺术家。

除上述两种风格的艺术家以外，还有人两种方法都用，比如冈本太郎，他的绘画作品都是自己亲手完成的，

把商业难题
交给艺术

但著名的太阳神塔[①]的建造则由他和多名工作人员共同完成。

无论是独自制作还是团队合作，创造新价值靠的都是艺术家个人的狂热想法及毫不动摇的意志。

在第 2 章中，我简单地将艺术归结为通过感性提出问题、创造新价值的过程。但正如第 4 章所述，艺术家想要实现自己的想法和意志，还需要运用逻辑的力量。

仅凭感性或仅凭逻辑是无法创作出作品的。据我所知，现在的艺术家都可以用语言讲述自己的作品，只要提问，他们就会告诉你作品的详细情况。我相信，以前那些伟大的艺术家也是如此。

几乎所有的艺术家运用的都是感性和逻辑并驾齐驱的思维方式。这种被称为"艺术思维"的思维方式，正

[①] 1970 年大阪世界博览会的标志性建筑，位于大阪府吹田市万博公园内，冈本太郎设计并参与了建造。——编者注

第6章
艺术思维

受到越来越多的关注。当个体拥有的直觉、创造力与感性和逻辑相融合，发挥出最大的作用时，就会创造出新价值。

艺术思维绝非艺术家的专利。

我认识一位外企的战略咨询顾问，他说过这样一句耐人寻味的话："所有经营者都是艺术家，而咨询顾问的工作就是帮助这些艺术家把他们描绘的巨幅画作创作出来。"回首我们的商业活动，不难发现，新价值的创造者都是运用艺术思维才创造出各种划时代的商品和服务的。下面先为大家介绍一些源自艺术思维的划时代商品的实例。

曾被断言绝对卖不出去的随身听

相信大家都知道索尼的随身听，它就是典型的由艺术思维创造出来的一款商品。生产随身听并没有事先通过周密的市场调查来了解消费者的需求，也没有经过在

把商业难题交给艺术

试卖试制品之后进行改善、改良,然后才投入市场的过程。随身听的出现完全是源于个人的想法,换句话说,这是一款因个人感性而诞生的产品。

随身听于20世纪70年代出现,正值索尼公司在全球急速扩张的时期。索尼公司的创始人井深大当时活跃在世界各地,每天都像空中飞人一般在世界各地穿梭。

井深希望在飞机上也能听到自己最喜爱的古典音乐,于是让员工制作了一款便携的小型播放器,专门用于播放音乐。当时制作这种播放器的初衷完全是为了个人使用。井深在飞机上试用了员工制作的播放器后,为音质特别优秀而感到兴奋:"我这么激动,其他人也一定会同样感到激动的。"回国后,他马上决定生产这种播放器(即后来的随身听)。

但是,他遭到了索尼营业部的强烈反对,营业部认为这种专门用于播放的机器既不能录音,也没有扬声器,

第 6 章
艺术思维

不可能有销路。据说,当时营业部的最高负责人在董事会中把一叠调查问卷摔到桌子上,问卷上的结论大意是"这种东西不可能卖得出去"。(营业部给出的意见源于缜密的市场调查和市场需求考察。)

然而,不顾营业部的强烈反对,随身听还是成功发售了。第一批只生产了 3 万台左右,这与开发部设想的月产 10 万台相去甚远。随身听于 1979 年 7 月上市,第一个月的销量仅为 3 000 台左右,但第二个月就出现了让人难以置信的转变。截至当年 8 月底,3 万台随身听销售一空。在日本发售半年后,随身听开始在海外发售。最终,随身听在全世界创下了惊人的销售纪录。

大概在随身听出现的时候,"创新"一词还未被使用得像现在这么广泛,所以"随身听是创新"的说法并不多见。但这无疑是一次真正的创新。

索尼是日本第一家制作磁带录音机的公司。顾名思

把商业难题交给艺术

义,磁带录音机是一种可以重复录音和播放的产品。然而,正是最早制作磁带录音机的公司颠覆了这类商品需要可录音、可播放的常识。这种由个人的热情、直觉和感性带来的思路转变,正是运用艺术思维的表现。

随身听让音乐变得便携,改变了人们收听音乐的方式,甚至给音乐界带来了改变。商品带来的新价值也为音乐创造出新的价值。

随身听成为热门商品后,包括爱华(AIWA)和三洋电机(SANYO)在内的各种制造商纷纷开始发售它的仿制品。然而,无论是爱华还是三洋电机,现在都已经不存在了。从经济合理性的角度来看,模仿是非常高效的做法,既不需要开发成本,又已经有了成功的市场营销模式可以照搬。当时,索尼被揶揄地称为企业界的"小白鼠",说索尼甘当第一家敢于"吃螃蟹"的公司。可是,最后有哪些企业幸存下来了呢?正是坚持创新、不断向新设计发起挑战的索尼。

第 6 章
艺术思维

在此，我们可以结合之前提到的印象派的故事。印象派画家初登场时，也曾被揶揄地称为"不入流"的画家，他们是表现技法界的"小白鼠"。后来，印象派画家为世界美术带来了革新。毕加索创立的立体主义在最开始同样受到了猛烈抨击。乔布斯凭借个人热情制造出智能手机 iPhone 的时候也是这样。微软时任 CEO 巴尔默曾挖苦地说："这是世界上最贵的手机。由于它没有键盘，所以发电子邮件都不能尽如人意。"

仅凭四人之力打造出来的名车——丰田 2000GT

你听说过丰田 2000GT 跑车吗？这款跑车最初发售于 1967 年，截至 1970 年的 3 年间仅生产了 337 台，是纯正的日本国产跑车。

丰田 2000GT 拥有无数传说。它改写了当时由保时捷保持的世界上速度最快跑车的纪录，缔造了新的速度纪录。它是一款具有里程碑意义的超级跑车，至今仍然受

把商业难题交给艺术

到全世界爱车人士的热烈追捧。由于生产台数有限，这款跑车在日本国内的二手车市场上最低也要卖到5 000万日元，海外市场上的交易价格更是高达上亿日元。

丰田2000GT由丰田汽车公司和雅马哈发动机公司共同研发，前者负责基础设计，然后委托雅马哈发动机公司生产。当时，该项目的负责人兼生产负责人肩负的任务是制造出一款能在赛车比赛中取胜的汽车。但是，这个项目在启动的时候并没有得到丰田公司的大力支持。最初，项目负责人希望由公司各科室选出几个人来组成项目组，但是没有人愿意参加这个项目。最后，项目负责人挨个儿询问公司里为数不多的几个从美国艺术学校留学回来的年轻设计师："你想不想做一款能在正式比赛中获胜的高性能汽车？"这样总算是挖过来6个人，组成了一个小团队。这6个人中还包括代表董事和测试驾驶员，所以实际成员只有4个人（因为成员过少，测试驾驶员还兼任了设计助手的工作）。

第 6 章
艺术思维

我认为，丰田 2000GT 能成功正是因为团队的规模够小。

丰田 2000GT 的设计基础是年轻设计师在美国艺术学校留学期间画的一些素描手稿。这些手稿描绘了一种理想的汽车造型，是他们从留学时每个周末租美国车或欧洲车出去兜风的体验中得来的。也就是说，丰田 2000GT 的基本构想源于设计师在这一项目成立之前的个人体验。

以这一基本构想为基础，设计师与负责发动机和底盘悬架的两位工程师盯着贴在墙上的大方格纸，一边热火朝天地讨论着"不是那样的，也不是这样的"，一边在方格纸上绘出了整体设计图。

一般来说，一件产品的整体设计图确定下来之后，通常会由多名设计师分工合作，在两周左右完成原始设计图。但在丰田 2000GT 的项目中，这些工作都是由一

把商业难题
交给艺术

名设计师在一周之内完成的。然后，测试驾驶员作为设计助手，与设计师一起完成了每个零件的详细设计图。因为这是几十年前的事了，所以当时也不像现在这样可以理所当然地使用计算机来画图。据说，他们当时甚至特别订购了好几把用来画曲线的尺子。

虽然听起来难以置信，但这个项目在开始8个多月之后就完成了所有的设计图。雅马哈的工厂以这些设计图为基础制造出雏形，经历了4个月的努力之后，丰田2000GT便诞生了。

在这个项目中，实际参与者4人加上设计助理1人（本职是测试驾驶员），仅仅5个人用了一年的时间就打造出了一款试制车。这背后当然有雅马哈的鼎力支持。丰田2000GT的内部装饰宛如品质卓越的工艺品，内部装饰的木制面板充分体现了雅马哈在乐器制造中长年积累的丰厚经验。

第 6 章
艺术思维

我对汽车领域不甚了解,但是我知道,想要制造一款汽车,至少需要几百人的人力。丰田 2000GT 项目的实际参与者只有 4 个人,即使算上设计助理和代表董事也不过才 6 个人,其人数之少让人惊叹。然而,可以说正是因为只有 6 个人,才能以生产负责人为中心,让设计师和工程师充分发挥自己的创意。

这款汽车从诞生之初到 50 多年后的现在,能够在日本乃至全世界一直备受推崇,正是因为它在本质上体现了基于个人宝贵经验的创意。

丰田 2000GT 刷新了当时由保时捷保持的"世界最快跑车"的纪录,在性能方面无可挑剔。这款跑车在比赛中也获得了优胜,"制作出能赢得比赛的跑车"的任务出色地达成。同时,它还是一款漂亮的汽车,兼具美感与性能,是美学与工程设计的完美结合。可以说,丰田 2000GT 是一款由艺术思维创造出来的享誉世界的日本车。

把商业难题
交给艺术

掌握艺术思维

每个人都有感性

我们每个人都是创作者和艺术家。请回想一下童年，相信大家都曾堆过沙堡，堆过雪人，或者用落叶和树枝做过手工吧。这样我们就不难理解，井深大先生晚年为什么会致力于孩子的情操教育。

但是，也有很多人认为直觉、感性和品味是天生的。毕加索说过："每个孩子都是艺术家。问题在于长大之后是否还能保持艺术家的灵性。"直觉和感性是可以后天习得的。这么说或许不够准确，应该说，这些是每个人生来就有的，只不过随着我们一点点长大，直觉和感性变得越来越难被唤醒了。这样说来，感性就与我们在第 4 章中提到的美术教育问题息息相关了。

第 6 章
艺术思维

如何唤醒创意

我们熟悉的逻辑思维基本上都是在步入社会之后，通过上司和前辈的指导或研修学到的。其实，品味与直觉和逻辑思维一样，也可以通过训练来唤醒。这不同于品味是先天天赋的一般观点，可能会让人觉得很意外吧。

下面，我想向大家介绍一个有趣的实例。

在下面这些要素中，你认为哪个要素的遗传性最强？

- 运动能力
- 数学能力
- 记忆力
- 美术技能

正确答案是"数学能力"，"运动能力"次之，而"记忆力"和"美术技能"的遗传概率差不多，都是遗传性较弱的要素。

把商业难题
交给艺术

遗传性弱也就意味着后天培养的空间很大。这是不是让人觉得很意外？而能够帮助我们发展艺术思维的正是其中的"美术技能"。那么，我们具体要怎样做才能唤醒品味，培养艺术思维呢？答案是，我们应该先"赏画"，然后"画画"。

绘画鉴赏打开新认知的大门

同时作用于感性和理性

我在第 4 章中介绍过，德国和英国的美术教育都是从绘画鉴赏开始的。而第 2 章中提到的那位画家在德国留学时遇到了一位受同一机构资助前来留学的科学家，这位科学家每次在研究陷入僵局时就去逛美术馆，从绘画中获取灵感。

第 6 章
艺术思维

另外，奥村高明于 2015 年出版的《公司高管都爱逛美术馆》一书也指出了赏画的效用。据这本书介绍，纽约的公司高管都喜欢在上班前先去美术馆赏画。书中还指出，美术鉴赏对理清思绪、提高创造性具有非常重要的作用。

日语中的"見る"（看）和"観る"（赏），与英语中的 see 和 watch 类似，都有"看"的意思，这两个词看似差不多，实则大不相同。"見る"没有明确的意图和目的，是一种被动的视觉捕捉行为；而"観る"带有明确的意图和目的，是主动地捕捉对象并能动思考的行为。换句话说，"見る"只作用于掌控感性的右脑，而"観る"还会促进思考，作用于掌控逻辑的左脑。

相信大家都去过美术馆。在美术馆赏画是不是给了你非常丰富的感受？或许因人而异，有的人可能会感到有些疲劳。如果是和同伴一起逛美术馆的话，相信在逛完美术馆之后来到咖啡厅或者餐厅时，你们会不自觉地

把商业难题
交给艺术

交流彼此的感想吧。

赏画让我们的思维在掌控感性的感性脑和掌控逻辑的语言脑之间循环往复,从而打开新认知的大门。然后,我们的观察力就会在不知不觉中得到提高。

因此,前文提到的那位科学家通过在美术馆赏画寻找灵感,还有纽约的很多公司高管在上班前去逛美术馆,这些行为都是非常合乎情理的。

视觉化思维策略

有一种开发美术鉴赏能力的方法叫"视觉化思维策略",由位于纽约的现代艺术博物馆提出,旨在通过美术鉴赏来提升观察力和交流沟通能力,增强我们对思维多样性的包容。视觉化思维策略的步骤大致如下:

- 多人一起欣赏一幅画,然后互相交流意见。
- 专家(以策展人为主)详细解说画作(包括对画

第 6 章
艺术思维

家的解读、对美术史和画中使用技法的介绍等)。
- 在专家解说之后，以小组和个人的形式分别阐述自己的发现。

这种采用对话形式的美术鉴赏活动以美术作品为基础，可以帮助我们唤醒感性，同时通过语言描述锻炼我们的逻辑能力。

听音乐时，我们最好不要听录音，要听现场演奏，因为现场演奏能带来更多鲜活的感触。同样的道理，欣赏美术作品时，我们最好也不要看印刷品，要看原画，这样可以获得以前没有的新认知。

"艺术与逻辑"讲座中的绘画鉴赏方法

绘画中隐藏着很多由感性和逻辑构筑的信息。接下来，我想介绍一个绘画鉴赏的方法，来自"绘画鉴赏方法讲座之构图篇"，是我为参加我主办的讲座的学员特别策划的内容，下面的内容是其中的一部分。阅读时，请大

把商业难题
交给艺术

家参照后面的图片。

| 达·芬奇《蒙娜丽莎》|

这幅画带给人平静、稳定的感觉。为什么？因为这幅画的构图以三角形为基础。

像这样捕捉画作中的大框架，可以将"稳定"这种感性的体验用符合逻辑的方式描述出来（如图 6-1 所示）。

图 6-1 《蒙娜丽莎》

第6章
艺术思维

| 雷诺阿《游艇上的午餐》|

这幅画能传达出人们谈笑风生的气氛。这是因为上下左右均等的对角线构图营造出了和谐之感（如图 6-2 所示）。

如果构图中的对角线不均等，那么画中面积大的部分就会对面积小的部分造成压迫。

这种构图方式在战争画中比较多见，能展示统治者和被统治者之间的强烈对比。

| 葛饰北斋《诗歌写真镜之木贼刈》|

这幅画让人感觉画中人物接下来还有很远的路要走。之所以会这样，与锯齿形的构图有关（如图 6-3 所示）。画中的路线是先向左过桥，然后向右绕过池塘，接着向右、再向左，这种曲折的路线能让我们感受到时间流逝的漫长。

把商业难题交给艺术

图 6-2 《游艇上的午餐》

第 6 章
艺术思维

图 6-3 《诗歌写真镜之木贼刈》

如前所述，构图能够为绘画营造出某种氛围，而这种氛围就是画中描绘的场景带给我们的印象。当然，

157

这种通过构图来欣赏画作的方法只是绘画鉴赏的技巧之一。

比如在《游艇上的午餐》这幅画中，头戴丝绸礼帽、身穿正装的人和戴着草帽、穿着背心的人混在一起，换句话说，就是各个阶层的人身处同一个地方。这反映出法国大革命之后阶级社会正在瓦解的社会现实。

再比如，如果一幅画的画面以明亮的光线为主，就能表现出一种愉快而明亮的气氛。

赏画的方法不止一种。只要认真地鉴赏，构筑属于鉴赏者自己的语境，为之赋予意义就可以。在这个过程中，鉴赏者通过互相交流感受，包容地看待思维的多样性，从而进入更高层次的交流。而这也会帮助我们唤醒自身感性的那一面。

如果说鉴赏是输入的话，语言描述就是输出。如有机会，请大家务必亲自体验一下从"看"到"赏"的感觉。

第 6 章
艺术思维

素描是艺术思维的空挥训练

在文艺复兴时期,艺术和科学是属于同一领域的学科,两者相辅相成。我在第 2 章中提到过,著名的达·芬奇既是以《蒙娜丽莎》和《最后的晚餐》等画作而闻名的画家,同时也是天文学家、数学家、解剖学家和发明家。

形成于文艺复兴时期的素描技巧是绘画的基本功。 素描之于绘画,就像九九乘法表之于算术,或空挥训练之于棒球。不会背九九乘法表就做不了因数分解;没练过空挥就打不出本垒打;同样,没有素描基础就无法向画笔中注入感性。

请大家回想一下我在第 1 章中提到的 IBM 的故事:IBM 在 20 世纪 80 年代中叶聘请了美术老师,让公司的 200 名工程师参加绘画培训。IBM 这样做是为了让工程师通过学习画画来模仿画家和设计师的思考方式,形成或

把商业难题
交给艺术

发挥创造性解决问题的能力。

通过培养素描所必需的技能，我们可以达到掌握艺术家的思维方式、唤醒感性的目的。

素描的功效

作为绘画的基本功，素描可以帮助我们在逻辑思维与感性之间达到平衡。许多被东京艺术大学录取的应届考生数学都学得很好，艺术在文艺复兴时期是和科学享有同等地位的学科，这些事实都证明了这一点。

素描可以唤醒每个人原本的感性，让我们不会只依靠感觉，还能借助逻辑思维，从而掌握同时活用左右脑的混合型思维方式。这能帮助我们形成以独特的视角发现问题并创造性解决问题的能力。

接下来，让我们具体看看素描技能能够帮助我们掌握哪些能力吧。

第 6 章
艺术思维

| 坚持并实现预想的能力 |

法语 dessin 译作"素描",是指用铅笔原样描绘所见之物的绘画技法。也就是说,素描是首先抓住眼前的主题,然后一点点地将心中的目标形象描绘出来的一种创作方式。

如果你有过带着预想画画的经历,那么以后在美术馆赏画时,或是在日常生活中接触各种事物的时候,你看待事物的观点就会发生变化,拥有更丰富更多样的可能。其实这与逆推的过程异曲同工:先确定一个预想效果,然后以此为目标思考当下该做什么,积极地付诸实践,最后就能取得成果。

| 仔细观察并输出的能力 |

画家和设计师画素描的时候,会将 80% 以上的时间用于观察要描绘的对象。这可能让人觉得意外,但其实他们并不怎么看眼前的画纸。这是因为周密而准确的输

入可以向大脑传递正确的信息,让作为发动机的大脑提高输出效力,进而提高握着铅笔的惯用手的输出效力。

这种做法可以帮助我们排除认知偏差(片面的笃信),掌握正确、客观地看待事物的方法。

| 学习理论并实践的能力 |

素描可以帮助我们在运用逻辑思维和感性之间达到平衡。在工作中也是同样的道理,仅凭纸上谈兵无法推进项目,一味依靠灵光乍现会经常碰壁。

只有不断在理论和实践之间循环往复,才能产生深刻的认识,有效地推进事物的发展。人们往往认为画画靠的是感觉,其实绝非如此。相信现在大家都清楚,透视结构不是只靠感觉就能画出来的。

| 整合并协调整体的能力 |

绘制并完成一幅素描,需要将许多纷杂零散的元素

第 6 章
艺术思维

整合在一起。我们创作素描时，会不断在主观和客观的视角之间切换。只有当整体达到和谐统一，作品才算完成。换句话说，绘制一幅素描就是在纸上完成一个故事。可以说，这种整合能力等同于将项目落地的能力，或是开发应用程序和系统的编程能力。

第7章

艺术的实践！用素描提升思维能力

艺术家的艺术思维突破了逻辑思维的界限,为商业领域带来了创新。这种思维方式源于品味与逻辑、理论与实践以及主观与客观的循环往复。素描是锻炼艺术思维能力的最佳方式。本章将引领大家一起探索素描,对大部分人来说,这可能是一个全新、未知的世界。

第 7 章
艺术的实践！用素描提升思维能力

美术的"守破离"

即便接受的是侧重感性的日本美术教育，学校里几乎每个班上都还是会出现一两个擅长画画的孩子，这样的孩子会被称为"绘画天才"。一直对日本美术教育说三道四的我，小时候就曾被人称为"绘画天才"。

孩童时期的我能被称为"天才"的奥秘，在于我比其他孩子拥有更多赏画的机会，尤其有很多接触名画的机会。也就是说，我被称为"天才"并不是因为天生拥有什么出众的才能，只是因为我接收到的信息在量和质上都远远优于其他同龄的孩子。

正如德国的美术教育所做的那样，小时候，我几乎每周都被父亲带去参观美术馆。虽说父亲几乎没有手把

把商业难题交给艺术

手地教过我画画，但我从小就常看他运用透视法画出的画。所以，画画不能只靠感性，这样的认知早已深深地印在了我的脑海里。此外，家人买给我的由北欧设计师设计的玩具，也很有助于培养我的色彩感觉。其实，在不知不觉中，我从小就接受了欧美式的美术教育。

我在第4章介绍了欧美国家的美术教育，相信大家已经了解，各个国家的教育体系都有其背后的逻辑。但无论哪个国家的美术课，都会教给学生相当于数学中的九九乘法表这样的基础内容。请大家回想一下，我们学习乘法口诀时，老师在黑板上写下因数分解的数学题之后，并不会说："好，下面请大家凭感觉思考一下答案吧。"我们都是先背下九九乘法表，学会乘法之后再学除法，一步一步学习。

茶道的世界里有一种说法叫"守破离"。我们最初都是按老师说的做，也就是从墨守成规开始，这是"守"；然后，我们会结合自己的实践慢慢钻研，创造出更好的

第 7 章
艺术的实践！用素描提升思维能力

做法，打破成规，这是"破"；最后，我们能够在老师教给我们的做法和自己创造出的做法的基础之上抛开一切规则，从定式中脱离出来，这是"离"。

让学生"跟着感觉自由地画"，相当于要求那些连"守"都没做到的人达到"离"的境界，自然会让很多人对美术心生反感。

艺术与逻辑

接下来，请允许我以自己主办的讲座"艺术与逻辑"为例，向大家介绍一下什么是素描的"守"。

不谦虚地说，我主办的讲座"艺术与逻辑"是一门原创课程，大多数参加讲座的人都能在短时间内实现从素描零基础到高手的华丽变身。图 7-1 是一位学员在参加讲座之前和之后画的画。

参加讲座之前所画　　　参加讲座之后所画

图 7-1　学员的自画像

为什么这位学员可以在短短两天的时间里出现这样的变化呢？这是因为通过讲座中的课题实践，学员可以兼顾理论和效率，掌握我在第 6 章中提到的四种能力，即坚持并实现预想的能力、仔细观察并输出的能力、学习理论并实践的能力、整合并协调整体的能力。这四种

第 7 章
艺术的实践！用素描提升思维能力

能力对提高绘画技术来说是不可或缺的。我们让学员先掌握艺术的逻辑，也就是素描的乘法口诀，然后再练习素描。

话虽如此，本书能传达给读者朋友的也只是艺术逻辑的一部分，不可能手把手地教大家画素描。不过，即便只有下文中的课题实践，相信也可以帮助大家升级思维方式，推开新认知和新发现的大门。

一直"夹带私货"非常抱歉，但是，如果大家想要画出像图 7-1 那样的素描，就只有两个选择，要么参加我的讲座，要么跟着素描专业书自学。如果你想买素描的专业书，我比较推荐查尔斯·巴尔格所著的《巴尔格素描教程》(*Charles Bargue: Drawing Course*) 和成富美织所著的《画画不是一天练成的》。

接下来请大家准备好铅笔，我们马上开始实践吧。
注意：请尽量不要使用自动铅笔。

把商业难题
交给艺术

课题 1　从笔触理解思维模式

有的人可能一听到要动手画素描，就不自觉地紧张起来。首先我想告诉大家的是，画得好与不好都不是问题，重要的是如何优化自己的笔触。请看图 7-2，其中有各种不同节奏的笔触。

A 处用的是超快速的笔触，干净利落地画出直线；B 处画着一些蜿蜒的树干，因为是连续的曲线，所以与 A 处相比运笔的速度更慢，但依然是比较快的；C 处是一些等间距的横线、竖线和斜线，这里如果不够小心，就很容易画不好，所以运笔的速度比较慢；D 处的笔触是这几处中最慢的，接近写生，是一边认真观察对象一边画出来的。

如果用汽车或自行车的挡位来比喻运笔速度，可能会更容易理解：A 是最快的五挡，B 是三挡，C 是二挡，D 是一挡。如果用音乐的节奏来比喻，A 就是快板（活泼

第 7 章
艺术的实践！用素描提升思维能力

地），B 是中板（中等的速度），C 是行板（像走路一样的速度），D 是柔板（舒缓地）。

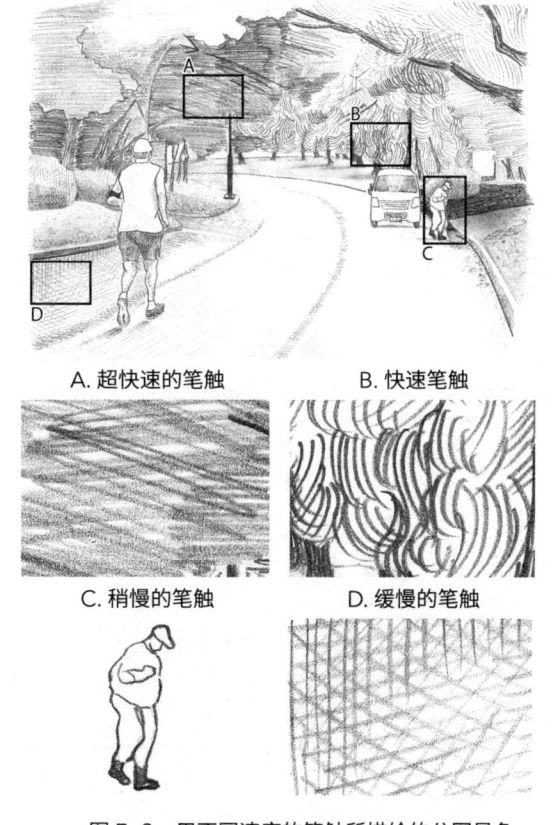

图 7-2　用不同速度的笔触所描绘的公园景色

173

把商业难题
交给艺术

请在图 7-3 的方格中按照 A、B、C、D 的顺序试着动笔画一画。（后面有供参考的范例。）

A. 超快速的笔触

B. 快速笔触

C. 稍慢的笔触

D. 缓慢的笔触

图 7-3

第 7 章
艺术的实践！用素描提升思维能力

用 4 种不同速度的笔触画完之后，试着在下面的白框里随便画画。

从超快速的笔触到慢速的笔触，你觉得哪一种最舒服？觉得超快速笔触最舒服的人，往往性格比较急躁，而喜欢慢速笔触的人可能比较有耐心。

自己的笔触

图 7-4 是用各种不同速度的笔触所画线条和图像的示例。

A. 超快速的笔触　　B. 快速笔触

C. 稍慢的笔触　　D. 缓慢的笔触

自己的笔触

图 7-4　用不同速度的笔触所画的线条和图像

第 7 章
艺术的实践！用素描提升思维能力

用电脑录入信息时，敲击键盘输入、选择了想要的字词之后，你的想法才会出现在屏幕上。

但是，如果用铅笔写的话，你的想法会直接呈现在纸上，这样可以更好地了解自己的思维节奏。

请问，你在第 175 页的空白方格里画了什么呢？

首先，我们一起来确认一下画的类型。

A. 具体的东西。
B. 抽象的东西。

接下来，我们从时间的维度来看看你画的内容可能是以下哪种：

（1）刚才看到的东西。

（2）以前见过的东西。

（3）不存在的东西。

如果你画的是具体的东西，并且是你刚才看到的东西（比如桌子上的电脑等），你应该是一位现实主义者，通常会淡然地处理眼前的工作。

如果你画的是抽象、不存在的东西，你应该是习惯根据抽象思维思考的人。你画的东西越具体，时间上越接近现在，你就越倾向于现实思维；你画的东西越抽象，时间上离现在越远，则越倾向于抽象思维。

另外，笔压（画画时线的深浅）也可以反映出一个人的精神状态：精神状态不佳的人，往往笔压较弱。

这个课题可以让我们看到每个人的个性。反复练习这一课题，你的笔触就会不断改变、精进，帮助你唤醒沉睡的感性，打磨你的直觉。

课题 2　提高观察力，理解认知偏差

在进入课题 2 之前，请大家先思考一个问题。图 7-5

第 7 章
艺术的实践！用素描提升思维能力

是两张小朋友画的画，左边是我侄女画的，右边是一个两岁半的女孩画的。这两幅画的共同点是人物的眼睛都非常大。为什么孩子画人物时都会把眼睛画得很大呢？

图 7-5 小朋友画的人脸

答案是：孩子认为眼睛是非常重要的部分。小朋友靠眼睛识别自己的监护人、朋友和自己，对他们来说，眼睛是用来分辨敌我的重要工具。随着年纪的增长，孩子的手部开始发育，他们也会把手画得很大。这是因为对他们来说，手是可以抓住食物、将食物送到嘴里的重要工具。

把商业难题
交给艺术

请大家思考这个问题,是因为我想告诉大家:我们看到的事物多少都会失真。孩子画画的例子虽然有些极端,但是,我们确实容易根据自己的臆想来做判断。

这种臆断被称为认知偏差。认知偏差会阻碍我们如实地把握眼前的事物。

以公司的人事变动为例。在接触一个人之前,有些人常常会先听信传言和他人的评价,对对方抱有先入为主的印象。比如说:"听说这次要来的新部长在之前的部门被人叫作'魔鬼山田'呢,好讨厌啊!"或是上司面对新来的下属,在心里告诉自己:"铃木是个怪人,说话办事分不清场合,我还是注意一下比较好。"这些评价要么压根儿不准,要么有失偏颇,但是我们会先入为主地认定,对别人打上错误的"标签"。我们画素描的时候也会对所描绘的事物抱有先入为主的印象,所以需要注意。

接下来就让我们开始下一个课题吧。

第 7 章
艺术的实践！用素描提升思维能力

图 7-6 中画着一个穿着夹克、坐在岩石上的男人。请你参照图 7-7 这张范例来临摹，画在第 185 页上的白框内即可，但是要将本书倒过来临摹，而且不要想着这是一个穿着夹克、坐在岩石上的男人，只当你是在临摹一堆线条。我只有这一个要求，其他方面你想怎么画都可以。从哪里开始画都没问题，也没有时间限制。我给你一个建议，开始画之前请多花一些时间倒过来观察这张画。

图 7-6　坐在岩石上的男人

图 7-7 临摹范例

第 7 章
艺术的实践！用素描提升思维能力

把商业难题
交给艺术

画完之后,请你倒过来看一看。怎么样?你画得是不是比你以为的要好?

为什么相比于正着画,颠倒过来画,居然能画得更好呢?

我们每天都会接触形形色色的人,比如在上下班的地铁里,在开会时,在和家人、朋友一起吃饭时,等等。每次遇到一个人,我们都不是均衡全面地观察这个人,而是着重看他的脸。如果没有让你把这幅画倒过来临摹,大多数人可能会从脸开始画起。因为我们每天看得最多的就是别人的脸,所以大脑中很容易堆满"必须画好""脸就是这样的"之类的认知偏差,我们的意识变得僵硬,所以很难画好。

把画倒过来后,我们可以把这幅画单纯地看作一堆线条,抛开认知偏差,向大脑输入正确的信息。于是,我们的大脑得以启动,惯用手在大脑的驱动下输出了更准确的结果。这就是我们倒着画反而能画得更好的原因。

第 7 章
艺术的实践！用素描提升思维能力

课题 3　提高用多角度看待事物的能力

课题 3 依然要请大家动笔临摹。图 7-7 是一位高尔夫球手的照片，请大家参照图 7-8，然后在 5 分钟内在第 189 页的白框中临摹这张照片。请准备好铅笔，试着画一下。

图 7-7　高尔夫球手

把商业难题
交给艺术

图 7-8 临摹范例

第 7 章
艺术的实践！用素描提升思维能力

把商业难题
交给艺术

画好了吗？

可能很多人都像图 7-9 一样描绘出了人物的轮廓吧。接下来，请按照下面的方法再画一次。

仔细观察一下，我们可以在这张照片中找到两个三角形（参考图 7-10）。画出这两个三角形，你就能画出高尔夫球手的右臂和高尔夫球杆的边缘。接下来，请你在第 189 页的白框内先画出这两个三角形，然后再画出整体的轮廓。当然，你可以一边用橡皮擦修改一边画。规定时间和刚才一样，还是 5 分钟。

图 7-9　人物的轮廓　　　　图 7-10　找出图中的两个三角形

第 7 章
艺术的实践！用素描提升思维能力

把商业难题
交给艺术

画完了吗?

按第二次的方法画是不是会更容易一些?

其原因是我们找到并画出了描绘对象中的一处空间，就可以从更多的角度观察描绘对象。这种观察空间的能力叫做空间认知能力，是一项从多个侧面看待事物的能力。在高等教育机构接受美术教育的人，在学习绘画的过程中都要掌握这种空间认知能力和多角度捕捉事物的能力。

请看图 7-11。这是美国著名心理学家约瑟夫·贾斯特罗（Joseph Jastrow）提出的视觉陷阱。仔细观察一下，你看到了什么？

企业在团建、研修等场合经常使用这幅画。参加研修的大部分人只会从右侧或左侧的某一个方向看，所以有人认为画的是鸭子，有人认为画的是兔子。事实上，这幅画是为了让我们认识到，即使我们看的是同一幅画，但我们

第 7 章
艺术的实践！用素描提升思维能力

的知觉和感觉有所不同，所以人与人之间不可能轻易地做到相互理解，我们的视野远比我们以为的更狭窄。

图 7-11　贾斯特罗视觉陷阱

但是，如果我们把这幅画拿给画家和设计师看，他们马上就能看出图中画着两只动物。这幅画从右边看是鸭子，从左边看是兔子。**提高空间认知能力，就能轻易在二者之间切换。**

近几年，设计师一职在商业咨询领域十分活跃。佐

把商业难题交给艺术

藤可士和先生称得上是其中的代表人物。

在 MBA 式的思维方式下,我们会以过去的企业案例和事实为依据,将积累起来的观点结构化,从中谋求课题的解决办法。而在 MFA 式的思维方式下,我们就像在一张空白的画布上作画或设计,从各种各样的角度观察对象,发现并解决课题。或许我们可以这样总结:MBA 是积累型,MFA 是创造型。

我在上文中介绍了 3 个课题。在我主办的帮助商务人士获得新认知、刷新思维方式的"艺术与逻辑"讲座中,这些课题都属于正式开始画素描之前的"热身活动"。我希望大家通过实践这些课题,叩响富于创造性的艺术思维的大门,更希望大家进一步深化思维,继续挑战下一步——素描。

结语

艺术思维改变商业未来

| 艺术思维的真谛 |

本书介绍了运用艺术思维给商业带来创新的实例,而把这件事做到极致的是以艺术家身份出任索尼公司CEO、已故的大贺典雄先生。

大贺典雄在东京艺术大学求学时,与索尼的创始人井深大和盛田昭夫相识。那时,大贺在一个录音棚打工,负责电子系统的设计工作。有一

把商业难题交给艺术

次,大贺为了采购电子零件而前往索尼公司总部。虽然身为艺术生,但大贺拥有堪比工程师的知识和思维,这让索尼的两位创始人感到十分惊讶,因而对他产生了兴趣。大贺结束录音棚的工作之后,依然与他们保持联系。

从东京艺术大学毕业后,大贺典雄前往德国留学。那时,井深和盛田的单方面邀约变成了索尼的官方委托,大贺会不定期地向他们发送关于欧洲电机制造商的报告。大贺回国后,又成了一名专业的歌剧歌手。

而他与索尼的缘分还在继续。

有一次,大贺典雄去索尼的工厂参观,和接待他的深井有了如下对话:

"索尼的设计与欧美相比还很不成熟。"
"那你来我们公司吧。"

这段对话成了契机,大贺决定在兼任歌剧歌手的前提下入职索尼公司。

进入索尼公司之后，年仅 29 岁的大贺就当上了产品开发部部长，后来又陆续对设计提出意见，于是开始兼任设计部部长。他还对广告设计提出意见，因此又兼任了宣传部部长。

继续兼任歌剧歌手在现实中变得很困难，于是在进入公司两年后，大贺放弃了兼任歌剧歌手的想法，全身心投入索尼的工作。大贺给索尼带来了各种各样的变化和创新。他参与过的具有代表性的工作如下：

商标变更——为了让广告板（室外广告）在雨中和雾中也能被看清，采用了更大的字体。

确立工业设计——将所有产品统一为黑色和银色。

统一报纸广告的设计——统一设计样式，让人一眼就能认出索尼的广告。

这些做法都是企业品牌推广的先例。此外,"将方便用户放在第一位,简化功能""与飞利浦一起开发 CD""聘请当时世界级的指挥家卡拉扬为开发顾问""建立同时拥有硬件部门和软件部门的组织"(即与 CBS 唱片合并,创立 CBS 索尼公司,收购哥伦比亚图片公司,创立索尼图片公司)……大贺在商务领域也取得了很多成果。

除上述内容,大贺还完成了许多伟业,而最令人吃惊的是,在进入索尼之前,他是一位完全没有接触过商业的艺术家。在进入索尼之后,他也不曾接受过上司的指导,更不是一步一步地慢慢升职。他一直坚持的是"不模仿别人"。由此可见,这才是艺术创作的精髓。

| 不可以只追求艺术的功利性 |

我在第 7 章中介绍了三个课题。很多人可能会希望从明天开始就把这些运用到实际工作中,去获取新的认知。

最近,很多企业研修都引入了"艺术与逻辑"的课

结语
艺术思维改变商业未来

程。有些人能很好地消化学到的东西，将其活用到每天的工作中。但我们也必须承认，有些人完全不知道该怎么用或用在哪儿，做不到学以致用。

要是断定能否做到全看个人，那就没什么可说的了。不过，就像第 2 章中乔布斯的故事一样，我们不知不觉地放入深层思维中的东西，会随着时间的推移而作用于现实。其实，这才是艺术思维的本质。

老实说，就算学习了艺术，创新的点子也不可能像煮开的沸水一样"咕咕"地往外冒。思维的升级和转型是需要时间的。请回想一下索尼随身听的例子，井深大并不是从乍现的灵光中得到了随身听的创意，而是在积累了丰富的经验并深入思考后得到的结果。

我们以为的直觉，其实是积累了大量经验后浮出思维水面的冰山一角。**如果一味追求艺术的即时实用性，就无法触碰到真正意义上的艺术思维。**

把商业难题
交给艺术

| 审美意识创造未来 |

日本国足前任教练冈田武史曾在一档节目中说了一段引人深思的话：

如果要求日本选手按照规定的体系比赛，他们就只会按照规定的体系比赛；如果要求他们自由地踢，他们就会不管输赢，只按照自己喜欢的方式踢。但是，欧洲的选手即使在按照规定的体系比赛时，也能有所变通，发挥自身的创造力并取得胜利。

这是冈田武史根据他曾在欧洲留学的经验和对世界足坛的认识得出的独到见解。这段话说的不正是直觉与逻辑的融合吗？逻辑思维对保持既有的体系很重要，但是，要创造出新体系，将直觉、品味和逻辑融合在一起的艺术思维必不可少。

艺术思维的根源在于审美意识。

**结语
艺术思维改变商业未来**

日本是一个有着优秀审美意识的国家。正因为日本人拥有优秀的审美意识,欧洲才会萌生日本主义[①]。审美意识本来就存在于每个人的心中。在我看来,日本也应该找回审美意识,谋求思维的创新。

最后,我想用印象派巨匠莫奈说的一段有关《睡莲》的话作结:

> 如果一定要知道我作品后面的源泉,作为其中之一的,那就是希望能与过去的日本人建立联系。他们罕见的简练趣味,对我来说有着永远的魅力。以投影表现存在、以部分表现整体的美学观与我的思考是一致的。

---

① 19世纪中叶在欧洲掀起的一种和风热潮。——编者注

未来，属于终身学习者

我这辈子遇到的聪明人（来自各行各业的聪明人）没有不每天阅读的——没有，一个都没有。巴菲特读书之多，我读书之多，可能会让你感到吃惊。孩子们都笑话我。他们觉得我是一本长了两条腿的书。

——查理·芒格

互联网改变了信息连接的方式；指数型技术在迅速颠覆着现有的商业世界；人工智能已经开始抢占人类的工作岗位……

未来，到底需要什么样的人才？

改变命运唯一的策略是你要变成终身学习者。未来世界将不再需要单一的技能型人才，而是需要具备完善的知识结构、极强逻辑思考力和高感知力的复合型人才。优秀的人往往通过阅读建立足够强大的抽象思维能力，获得异于众人的思考和整合能力。未来，将属于终身学习者！而阅读必定和终身学习形影不离。

很多人读书，追求的是干货，寻求的是立刻行之有效的解决方案。其实这是一种留在舒适区的阅读方法。在这个充满不确定性的年代，答案不会简单地出现在书里，因为生活根本就没有标准确切的答案，你也不能期望过去的经验能解决未来的问题。

而真正的阅读，应该在书中与智者同行思考，借他们的视角看到世界的多元性，提出比答案更重要的好问题，在不确定的时代中领先起跑。

湛庐阅读App：与最聪明的人共同进化

有人常常把成本支出的焦点放在书价上，把读完一本书当作阅读的终结。其实不然。

时间是读者付出的最大阅读成本

怎么读是读者面临的最大阅读障碍

"读书破万卷"不仅仅在"万"，更重要的是在"破"！

现在，我们构建了全新的"湛庐阅读"App。它将成为你"破万卷"的新居所。在这里：

● 不用考虑读什么，你可以便捷找到纸书、电子书、有声书和各种声音产品；

● 你可以学会怎么读，你将发现集泛读、通读、精读于一体的阅读解决方案；

● 你会与作者、译者、专家、推荐人和阅读教练相遇，他们是优质思想的发源地；

● 你会与优秀的读者和终身学习者为伍，他们对阅读和学习有着持久的热情和源源不绝的内驱力。

下载湛庐阅读 App，
坚持亲自阅读，
有声书、电子书、阅读服务，
一站获得。

本书阅读资料包

给你便捷、高效、全面的阅读体验

本书参考资料   湛庐独家策划

- ☑ **参考文献**
  为了环保、节约纸张,部分图书的参考文献以电子版方式提供

- ☑ **主题书单**
  编辑精心推荐的延伸阅读书单,助你开启主题式阅读

- ☑ **图片资料**
  提供部分图片的高清彩色原版大图,方便保存和分享

相关阅读服务   终身学习者必备

- ☑ **电子书**
  便捷、高效,方便检索,易于携带,随时更新

- ☑ **有声书**
  保护视力,随时随地,有温度、有情感地听本书

- ☑ **精读班**
  2~4周,最懂这本书的人带你读完、读懂、读透这本好书

- ☑ **课　程**
  课程权威专家给你开书单,带你快速浏览一个领域的知识概貌

- ☑ **讲　书**
  30分钟,大咖给你讲本书,让你挑书不费劲

湛庐编辑为你独家呈现
助你更好获得书里和书外的思想和智慧,请扫码查收!

(阅读资料包的内容因书而异,最终以湛庐阅读App页面为准)

ビジネスの限界はアートで超えろ！
BUSINESS NO GENKAI WA ART DE KOERO!
Copyright © 2018 by Takeshi Masumura
Original Japanese edition published by Discover 21, Inc., Tokyo, Japan
Simplified Chinese edition is published by arrangement with Discover 21, Inc. through Chengdu Teenyo Culture Communication Co., Ltd.

本书中文简体字版由作者授权在中华人民共和国境内独家出版发行。未经出版者书面许可，不得以任何方式抄袭、复制或节录本书中的任何部分。

版权所有，侵权必究。

图书在版编目（CIP）数据

把商业难题交给艺术 /（日）增村岳史（Masumura Takeshi）著；靳园元译. -- 杭州：浙江教育出版社，2023.1
ISBN 978-7-5722-5146-7

Ⅰ. ①把… Ⅱ. ①增… ②靳… Ⅲ. ①艺术创作－影响－企业管理－研究 Ⅳ. ①F272

中国版本图书馆CIP数据核字(2022)第249952号

浙江省版权局
著作权合同登记号
图字：11-2022-405号

上架指导：艺术思维 / 商业创新力

版权所有，侵权必究
本书法律顾问　北京市盈科律师事务所　崔爽律师

把商业难题交给艺术
BA SHANGYENANTI JIAOGEI YISHU

[日] 增村岳史　著
靳园元　译

责任编辑：刘姗姗
美术编辑：韩　波
责任校对：胡凯莉
责任印务：陈　沁
封面设计：ablackcover.com
出版发行：浙江教育出版社（杭州市天目山路40号　电话：0571-85170300-80928）
印　　刷：唐山富达印务有限公司
开　　本：880mm×1230mm　1/32
印　　张：6.875
字　　数：89千字
版　　次：2023年1月第1版
印　　次：2023年1月第1次印刷
书　　号：ISBN 978-7-5722-5146-7
定　　价：72.90元

如发现印装质量问题，影响阅读，请致电010-56676359联系调换。